T0246879

Despierta

Despierta

LORENA PRONSKY

Penguin
Random House
Grupo Editorial

Primera edición: noviembre de 2023

© 2020, Lorena Pronsky
© 2020, Penguin Random House Grupo Editorial, S. A.
Humberto I, 555. 1103 Buenos Aires (Argentina)
© 2023, Penguin Random House Grupo Editorial, S. A. U.
Travessera de Gràcia, 47-49. 08021 Barcelona

Penguin Random House Grupo Editorial apoya la protección del *copyright*.
El *copyright* estimula la creatividad, defiende la diversidad en el ámbito de las ideas y el conocimiento,
promueve la libre expresión y favorece una cultura viva. Gracias por comprar una edición autorizada
de este libro y por respetar las leyes del *copyright* al no reproducir, escanear ni distribuir ninguna
parte de esta obra por ningún medio sin permiso. Al hacerlo está respaldando a los autores
y permitiendo que PRHGE continúe publicando libros para todos los lectores.
Diríjase a CEDRO (Centro Español de Derechos Reprográficos, http://www.cedro.org)
si necesita fotocopiar o escanear algún fragmento de esta obra.

Printed in Spain – Impreso en España

ISBN: 978-84-666-6905-4
Depósito legal: B-12.238-2023

Compuesto en Llibresimes, S. L.

Impreso en Black Print CPI Ibérica
Sant Andreu de la Barca (Barcelona)

BS 6 9 0 5 4

Hagas lo que hagas, busca el latido.

ELVIRA SASTRE

Nota de la autora

Escribir un libro en medio de una pandemia —única en la historia de la humanidad contemporánea— no fue fácil.

Hacerlo atravesada por la escritura de mis dos libros anteriores, que todavía palpitan en el corazón de quienes los leyeron con la misma intensidad que en el mío, tampoco lo fue.

Tanto es así que, antes de decidirme a firmar el contrato con esta nueva editorial que me cobija, le dije a Florencia: «Siento mucha presión».

Presión por salir con mi tercer libro en medio de este caos, pero sobre todo presión por darle al lector un libro distinto.

Un libro compañía. De esos que no sueltas ni cuando vas al baño. Un libro que llevas en el asiento del acompañante del auto, en el bolso o en la mochila. Ese que cae abatido sobre tu pecho cuando te vas a dormir, por el agobio de haber sido leído con todo el cuerpo.

Un libro que ponga todo en suspenso, que te abstraiga del mundo exterior durante un buen rato y permita que te sumerjas atentamente en otro universo desde el momento en que toques la primera página.

Porque eso es lo que pretendo.

Ese es mi deseo.

Que entréis acá desde la primera palabra hasta la última.

Que entréis.

Que seáis parte.

Que lo viváis.

Que os dejéis sentir y atravesar por las palabras que lo recorren.

Imagino que cada uno tiene a su lado mate, un café, un té o su vaso de vino. El exquisito silencio acompañado por una luz tenue que venga del reflejo del sol o del cielo anunciando una tormenta.

Una luz que no violente la mirada y que tenga el único propósito de alumbrar este otro espacio que tenéis en vuestras manos.

Y también imagino arena.

O hierba.

O un sillón.

O seguramente una cama.

Lo que cada uno necesite para saber que va a acceder a un mundo distinto pero también propio.

El mundo de las emociones nos pertenece a todos. Y estoy segura de que en cada relato vais a poder viajar al interior de vuestros propios recuerdos. O, quizá, de que permitiréis hacerle un hueco a un presente que está golpeando la puerta desde hace rato y al que no os animáis a abrirle.

Yo era una de esas personas.

Con mucho miedo de vivir las emociones. Entonces terminaba todas las historias de mi vida antes de darles la posibilidad de que fueran ellas mismas las que terminaran conmigo. Era como una forma sutil de dejar la puerta entreabierta, creyendo que así me iban a doler menos los portazos.

Recuerdo que hace muchos años le dije a Hernán que tenía miedo de los cachetazos que me pudiera dar la vida, porque nunca había recibido uno.

«Nunca me ha pasado nada malo», fueron exactamente las palabras que pronuncié.

«Y realmente tengo miedo, porque no sé si voy a tener los recursos para hacer frente a las guerras cuando me toque pelearlas».

Casi con la potencia de una profecía autocumplida, así fue.

No estaba exagerando.

Me estaba adelantando.

Un día que recuerdo perfectamente, la vida me agarró con las dos manos, me zamarreó y me lanzó a lugares que nunca antes había pisado.

Desde ese día, no me dio tregua.

Dicen que cuando cae una ficha, caen todas juntas. El famoso efecto dominó.

Una a una.

Cachetada tras cachetada.

Con el tiempo, y con mucha entrega, aprendí lecciones que quedaron grabadas a fuego en mi piel.

Hice un trabajo de hormiga, al entender que la única forma de transmutar el dolor en algo positivo era atravesarlo.

Juro que si hay algo que tuve en ese viaje que aún no se ha terminado fue aceptación. Jamás pregunté por qué.

Sabía perfectamente que esa pregunta no conducía a nada.

No me iba a llevar nunca a ninguna solución. De hecho, creo que nunca busqué soluciones.

Por algún motivo, ese día y todos los que vinieron después sentí que lo que estaba viviendo era la vida y no un espejismo.

La vida.

Sentí que alguien, que tiene nombre y apellido, al menos en mi historia, me abrió la puerta de una patada, encendió la luz de mi habitación y no me dio tiempo a reaccionar.

Sin ninguna decisión por mi parte, lo único que pude hacer fue despertarme.

Una catarata de emociones nuevas, sentimientos, sensaciones, miedos, angustias, preguntas, inseguridades empezó a caer sobre mí como una tormenta convertida en inundación.

No tenía cómo contenerla.

No sabía cómo deshacerme de todo eso.

De hecho, no tenía ni idea de la violencia que tiene el agua una vez que rompe las paredes de tu casa. Y cuando digo agua, me refiero a la potencia de los afectos que florecen por cada suceso que se impone en tu vida.

Como en toda inundación, tuve que resignarme a dejarlos entrar.

Uno por uno, sin que yo pudiera ofrecer resistencia alguna, fueron atravesando todas las capas de mi piel.

Y allí se quedaron.

Y con ellos aprendí a convivir.

Los conozco.

Los nombro.

Sé lo que buscan.

Sé lo que quieren.

Sé cómo huelen. Cómo se perciben. Cómo laten dentro de mí.

No rechazo a ninguno. La puerta siempre está abierta y los dejo pasar.

Los miro a los ojos, los escucho, y me dejo sentir.

Antes lo pasaba mejor. A todos nos gusta dormir y que nadie nos moleste.

Sin embargo, cuando miré con atención, lamenté mucho no haber despertado antes.

Tiempo después entendí que la diferencia entre vivir despierta o vivir dormida se llama «libertad».

Pero no fue así.

Desperté cuando muchas cosas ya estaban hechas.

Sí, claro, por mí. Siempre se trata de uno. Hechas por mí.

No obstante, hoy, un poco más sabia, más adulta, más consciente, sé que desperté cuando pude hacerlo. Es cierto que ya no tengo la posibilidad de despojarme de todas las consecuencias de aquellas decisiones; de hecho, quedaron inscritas en mi cuerpo, marcadas en cada paso que doy, en mis vísceras, guardadas en todo mi ser. Y gracias a todos esos pasos que di (que hoy, con otra mirada, los evalúo como errores), sé que están ahí por alguna razón.

Por eso las quiero.

Porque son mi aprendizaje: la posibilidad infinita de dar la vuelta a gran parte de mi paso por este mundo. Y eso ya está sucediendo desde hace tiempo.

Soy yo. Quién lo hubiera dicho. Soy yo la única que puede hacerlo.

Todavía falta, siempre falta, pero cada vez estoy más cerca de dar el salto, y no al vacío.

Todo lo que vino después de aquel día fue un viaje hacia la verdad que la vida me fue desvelando.

Sé quién soy.

Sé lo que quiero.

Y sé el nombre de lo que me está pasando.

Apenas ahora puedo empezar a gestionar mis pasos en libertad.

Con plena conciencia.

Despierta. Bien despierta.

Encontré el camino en mí.

En mis poemas.

En mis relatos.

En mis reflexiones.

En todos ellos se percibe la conciencia absoluta, el registro emocional de los sucesos de la vida, de mis historias y también de las que escucho insertas en lo más puro que la vida me ofrece: las palabras.

Palabras.

Tener registro de lo que nos pasa es tener registro de lo que sentimos. Y para eso hay que tener valor. Mirar hacia adentro y asumir lo que nos pasa.

Todo lo que queremos, sentimos y deseamos ser.

Y también, y sobre todo, aquello que ya no queremos.

Dejarlo salir. Aceptarlo. Darle voz.

Nombrarlas. No juzgarlas.

Todos nosotros somos un conglomerado de personalidades conviviendo en un solo cuerpo. Tenemos matices, muchos matices de sentimientos que vale la pena tocar.

Por eso, en cada relato predomina una emoción diferente. Muchas veces no sé ni quién es la dueña de esa voz, ni siquiera la conozco hasta que la convierto en letras y es entonces cuando puedo conocer esa otra parte de mí que estaba apretada en mi interior y me asfixiaba.

Y, como estoy compartiendo vida en cada uno de ellos, es imposible que quien se anime a entrar no se haga carne. No se identifique. No se mire en el espejo de un alma ajena que finalmente acabará sintiendo como propia.

Os espero en el interior de este viaje.

Que cada uno se acomode allí donde sienta que pertenece.

Dejaos llevar. Lo otro vendrá después.

Ahora, solo os invito a despertar.

1

Wendy

Soy Wendy sentada en el sillón de mi casa, mirando por la ventana de mi cuarto mientras espero que Peter Pan me venga a buscar para llevarme a volar.

Hace años que lo estoy esperando. Desde el día en que me prometieron la historia que todavía nadie ha cumplido. Pero yo sigo fiel a la espera, porque así me comprometí y también porque la esperanza es lo único que me mantiene viva.

En todo este tiempo lo único que he hecho ha sido confundirme con el personaje de la película porque tengo necesidades afectivas. Cualquiera que reuniera algunas de las características que el príncipe de mi cuento simulara tener pasaba la prueba. Y es así como me enamoro de cualquiera.

Carencias afectivas.

Mi infancia fue bastante complicada, por una razón muy pequeña pero que me rompió el corazón en cuatro pedazos. Desde ese día intento que alguien pueda venir a pegármelo.

Busco. Tengo expectativas. Le ruego al universo. A veces enciendo velas.

Es muy sencillo. No quiero detenerme en exceso en explicar complejidades.

Ya no importa demasiado. Hice todos los deberes y trabajé muchísimo con mi interior para poder saldar las cuentas del dolor y del reproche que alguna vez tuve.

Y lo logré, con mucho esfuerzo y entrega lo logré. Pero

la cicatriz parece que de vez en cuando vuelve a un estadio anterior, y la veo sangrando de nuevo.

Mi mamá no me miraba.

Con esto quiero decir que me miraba pero no me veía.

Ella fue una madre muy presente, pero de esas presencias ausentes.

Recuerdo que su ritual diario consistía en sentarse en el sillón que estaba pegado a la ventana del salón que daba a la calle, prender su cigarrillo, apagar las luces, y ahí se quedaba inmóvil durante horas. Quizá era solo un rato, y no es mi intención ser mentirosa. Pero la edad que yo tenía en ese entonces lo decodificaba como días, meses, años.

No recuerdo qué pasaba con el resto de mi familia mientras ella se sentaba a mirar un punto fijo sin conciencia del mundo que la rodeaba.

Ese punto debía de tener algún significado que yo no conocía, porque el tiempo que le dedicaba era excesivo.

De ese tema no se hablaba jamás, y no porque yo no quisiera, sino porque ella lo desmentía cada vez que alguien le sugería que trasladara su tristeza a otro lado.

Hoy se lo recuerdo, pero ella dice que son imaginaciones mías. Y de mi hermana dice que es una desagradecida. Que no sabe de dónde sacamos esas barbaridades. Que no puede entender quién nos ha llenado la cabeza. Nos acusa de tener mala memoria.

Nos discute mucho a las dos: insiste en que su salud mental nunca flaqueó. Y entonces, mientras dice esto, la depresión baja la guardia y exhibe una fortaleza animal pocas veces vista.

Mi hermana estalla en llanto de la rabia que le genera la situación. Yo ya me he acostumbrado a no escuchar cuando cuenta historias que no son ciertas.

Tengo pruebas de lo que digo: el nombre de todas mis cicatrices.

Y con eso me alcanza para no tener que ponerme a pelear.

Pero más allá de la discusión, la verdad es como la cuento. Ella no estaba. Y yo tampoco estaba para ella.

Cuando digo que no me miraba, no es una metáfora. Es algo literal.

Me recuerdo a mí misma de manera muy vívida. Siempre haciendo lo mismo, como una forma de llamar su atención. Mal logrado mi juego, porque nunca se inmutó.

Yo le dejaba una carta en la que le decía que había decidido irme de casa porque sentía que no me querían. Con lápices de colores le contaba que había llenado una bolsa con algo de ropa y muñecas, y que para cuando ella leyera esas letras yo ya no iba a estar allí. Le decía que la quería mucho, pero que necesitaba buscar la felicidad.

Y para alcanzar la felicidad, en ese momento, me habría bastado con que me tocara.

Que me abrazara.

Que me contara un cuento.

Que me mirara. Yo quería que me mirara.

¿Tan difícil era eso, mamá?

Apoyaba la carta en la mesa de la cocina a la hora en que se iba a sentar en su sillón. Mamá solía prender su cigarrillo con el fuego del fogón, así que sabía que la mesa de la cocina era un paso obligado.

Dejaba la carta, me iba a mi habitación y, cuando la escuchaba levantarse de su cama, me escondía en el armario.

Nunca supe qué pasaba durante ese tiempo. Porque cada tanto mi niñez espiaba por la puerta y ella ya estaba sentada en su sillón.

Cuando avisaban de que la cena estaba lista, me obligaba a salir del escondite, y qué ocurría con esas cartas no leídas siempre fue mi gran preocupación.

Los años pasaron y la vida siguió su curso, pero la intriga nunca me abandonó.

Por temor, jamás quise preguntar.

Hace un tiempo mamá se mudó de nuestra casa. Ayudamos un poco a separar las cosas típicas de la mudanza, y a mí me tocó organizar los cajones de la cocina.

Recuerdo mucho esos cajones porque mamá escondía algunos dólares que mi tío le mandaba desde Estados Unidos. En el medio tenían como una abertura chiquita pero lo bastante grande para meter la mano y poner sus ahorros ahí. Lo recuerdo a la perfección porque lo descubrí una noche mientras ella dormía, y yo, que siempre tuve insomnio, me dedicaba a ordenar los cubiertos de forma esmerada. Entonces, en medio de la mudanza, recordé ese escondite y, con una sonrisa pícara, miré a un lado y a otro y metí la mano.

No estaban sus dólares.

Estaban todas mis cartas.

Leídas. Dobladas y guardadas en un cajón de cubiertos de una cocina inmunda.

No hubo magia, no había trucos.

Ella las leía, y sin embargo nunca eligió sobreponerse a su depresión para ir a buscarme a mí.

Siempre le digo a mi hermana que tengo mucho miedo de heredar ese fantasma de mamá. Y ella me dice que no me equivoque, que no nos parecemos en nada. Que yo soy una buscadora. Que tengo un montón de amigas.

Y de sueños. Y de esperanza. Y también de vida por delante.

Que yo no soy mamá. A pesar de mis emociones. De mis ausencias. De mis soledades.

«Tú no eres como mamá, por favor. No puedes compararte con ella».

Creo a mi hermana. Confío ciegamente en ella. Pero lloro la resaca de un temor que todavía no puedo silenciar.

La creo. Claro que la creo.

Solo que a veces me pregunto…

Qué hago acá sentada en este sillón.
Mirando por esta ventana.
Esperando a que Peter Pan venga a salvarme.
Y tengo miedo.
Mucho miedo.

2

Un día

Sé perfectamente que estás mal.

Puedo agarrar tu enorme cuerpo con la palma de mi mano.

Conozco el dolor que sientes cada vez que quieres volver y ya no tienes ni siquiera la libertad para llamar. Entiendo que ese lugar se terminó. Conozco a la perfección cómo duelen los domingos. Y, sin embargo, también sé de la soledad que te embarga en cada encuentro con tus amigos, en el que estás sin querer estar.

Puedo recordar lo que es vivir con ansiedad en las tripas y querer arrancártela a mordiscos. Nada ni nadie es capaz de asesinar ese monstruo que vive en tu cuerpo.

Sí, claro que lo sé.

Todos hemos estado ahí alguna vez.

Por eso comprendo que, mientras duele, no hay consuelo en ninguna palabra que puedan decirte para aliviar tu tristeza.

Ya sé. Ya lo sé.

Pero necesito que confíes si te digo que un día ya no te quemará el pecho. Que es cierto que esa marca se queda y probablemente nunca se vaya. No te quiero mentir: te muestro las mías.

Pero el dolor tiene un lenguaje propio.

Es harina de otro costal.

Encuentra la salida.

Conoce otros rumbos.

Pierde la intensidad.

Un día la tristeza, ya agobiada, deja sitio a la tranquilidad. No serás consciente del tiempo que estuviste detenido en la nada. Focalizando en el color gris de las nubes de una tormenta que nunca empieza pero que tampoco acaba.

Pero créeme cuando te digo que detrás de esa niebla está el sol. Y solo lo ve quien espera lo inevitable. Porque sí. Porque la curación llegará. Y mientras eso suceda mi consejo es que hables de ello.

Que llores lo que necesites.

Que duermas lo que te pida tu angustia.

Que nunca reprimas tus emociones, porque lo peor que puede pasarte es que mueran ahogadas dentro de ti.

Que cortes el cordón umbilical con la esperanza.

Que si te lo digo es porque a mí el duelo también me borró la sonrisa. Sé que es tremendo ver cómo nadie se da cuenta de que es en tu silencio donde más grita tu alma. Pero acá me ves, algo más fuerte. Y eso es porque siempre seguí, estoicamente.

Seguí.

Respeté mis penas y sus tiempos.

Me di mi lugar.

Entonces un día, y doy fe de que nunca sabrás cómo ni cuándo, las ganas vuelven a golpear la puerta otra vez.

Sí, claro. Las de vivir, te digo.

Las de vivir.

Tranquilo, mi amor.

Tranquilo.

Que un día de estos

volverás

a reír

otra vez.

Te lo prometo.

3

Pena

Cada tanto pienso en escribirte y decirte que pude.

Que por fin pegué el salto que no me animaba a dar y me quemaba la cabeza todas las noches. Imagino la alegría de compartir mi crecimiento contigo y se me dibuja una sonrisa en la cara.

Mi alma muestra su felicidad por el simple hecho de que tú lo sepas.

Que vibres conmigo.

Que lo festejemos juntos.

Que celebremos mi logro que, desde ahora, es de los dos.

Pero acá estoy. Intentando no marcar el número del desinterés para ser testigo de algo que yo sé mucho antes que tú.

Si te hubiera importado, me habrías preguntado.

Si hubieras querido saber, me habrías llamado.

Si hubieras tenido la copa de vino a la espera de ser levantada junto a la mía, no me habrías soltado la mano.

Hay despedidas que son abandonos. Y yo entiendo muy bien que, cuando las cosas no funcionan como uno espera, marcharse permite avanzar. Seguir, en muchos casos, implica dejar atrás. Por supuesto que lo entiendo y pienso lo mismo que tú.

Pero ¿abandonar? ¿No regresar nunca más? ¿Desentenderse y tirar a la basura el afecto que nos unía?

Hay gente que celebra ir descartando vínculos porque

les han dicho que eso es evolucionar. Y yo intento aprender de todas las cosas, pero si hay algo en lo que no puedo encontrar una lección es en el abandono.

Te pido disculpas, pero no la encuentro.

Sí veo la vida diciéndome a gritos que todo lo que tuvimos fue una fantasía mía. Pero ¿aprender de eso?

¿Agradecer que nunca te haya importado mi corazón?

¿Pasé de año emocional ahora que sé que hay gente que te quiere solo por un tiempo?

No. No de todo se aprende.

A veces solo se acepta sin rechistar.

Se acepta.

Y, si así lo quieres, acepto que ya no te importe como en ese pasado ahora muerto y clausurado.

Y, si así lo quieres, tampoco te reclamo tu ausencia.

Ni te pido explicaciones.

Ni te pido que seas tú quien me consuele por el daño que me hiciste.

Muda me quedo, si te sirve.

Casi muerta.

Todo lo que haga falta.

Pero ¿dar las gracias por lo acontecido y soltar?

¿Aprender de algo que mi esencia repudia?

No.

Esa es la única trampa en la que no voy a ceder.

A mí me da mucha pena la gente que se codea con el desamor.

Muchísima pena me da.

Y no voy a detenerme a buscar el lado positivo de un horror emocional.

No puedo sentirme agradecida.

No puedo aprender.

No puedo arrepentirme de haber dado amor a cambio de abandono.

No quiero.
Mucha pena me da.
Pero por ti te lo digo.
Te juro que es por ti.

4

La fuerza de tu mano

Eres el alma que me vuelve al cuerpo cada vez que estoy a punto de caerme al abismo.

Imagino que vas a venir y entonces tacho las horas con la misma ansiedad con la que esperaba poder abrir los regalos en la noche de Reyes.

Te extraño y entonces, cuando hago memoria, me doy cuenta de que el tiempo puede pasar pero tu recuerdo está intacto, grabado a fuego.

Entiendo que todo sigue dentro de mí cuando me doy el permiso inevitable de pensarte otra vez. Si supieras lo que te extraño, no lo creerías. Me dirías que me calle.

«Cállate, Lorena. No te inventes cosas».

Estás presente en mí cada vez que abro la puerta de cualquier casa y me choco con la realidad, que me muestra que no estás en ningún sitio.

Me falta tu abrazo cada vez que la cama ya no me contiene.

Tu risa.

La fuerza de tu mano.

El hueco de tu pecho donde anidaba mi amor, mi deseo, y me acostaba a descansar.

La complicidad de no reclamarnos nada y disfrutar de los espacios que cada uno necesitaba.

Perdóname.

Tuve miedo y hui.

Lo arruiné todo por temor a que ese todo algún día me arruinara a mí.

Y me fui.

Perdóname.

No sé tú, pero yo nunca sentí que te estaba perdiendo, porque nos despegamos tan rápido que no llegué a vestirme de negro ni una sola vez.

Y, sin embargo, ayer volvimos a hablar.

En ese mismo instante me di cuenta de que hace meses que no me río.

Meses deambulando por espacios que no me pertenecían.

Mirando a la nada, en busca de mis nuevos deseos.

Meses vacíos.

Hasta ayer.

Todo vuelve siempre al mismo lugar en el que lo dejamos. Sé que entiendes lo que te digo porque otras tantas huidas fueron tuyas. Todas tuyas.

Y acá estamos otra vez, de manera inevitable.

Bajando la cabeza frente a las órdenes del destino.

Somos una historia mal contada.

Mal concebida.

Mal llevada.

Mal terminada.

De esas historias reales.

Eternas.

Sentidas.

De las que nunca empiezan para evitar que un día se acaben.

5

Lo inconcluso

Lo inconcluso perturba. Es una mosca haciendo ruido insistentemente en el silencio de la noche. Es algo que nos debilita. Nos aleja de nuestra misión personal, mientras quedamos a la espera de la oportunidad de poder cerrar la historia que solo permanece abierta en nuestra fantasía.

Y uno pierde tiempo.

Y gasta fichas de angustia.

Todos los días amanece con la ansiedad de una respuesta de alguien que carga con una pregunta impuesta.

Lo inconcluso se defiende del vacío y busca su resolución en la fantasía. Ese mundo paralelo donde todo es posible.

Nadie se anima a la resignación de la pérdida, porque soltar las expectativas no se percibe como un cierre. Al contrario, muchas veces nos golpea como un fracaso.

Lo inconcluso quiere vivir.

Demanda contar su historia.

Saber que llegó al final del camino porque las cosas no funcionaron, pero no porque no se lo permitieron.

Lo inconcluso huele a vacío.

Duele en el pecho.

Tiene forma de un agujero que no se puede tapar mientras exista un «no» como respuesta: no se aceptan los «no» como un cierre.

El ego necesita entender: que le aclaren lo que pasa, que alguien le dé explicaciones.

Es la trampa del dolor enquistado.

Es Penélope esperando a su muerto por mucho que le digan que no va a regresar.

Es una involución emocional.

Por eso, aceptar lo inconcluso como tal supone un reto, un desafío.

Muchas veces retirarse también cuenta como final. Es que no todas las batallas pueden ser jugadas y, sobre todo, esas en las que no existen rivales disponibles. En ese momento hay que despertar. Sacar la bandera blanca y poner fin para encontrar la paz.

No hay batalla.

No hay otro.

Es uno mismo frente a un espejo sin querer asumir que para seguir adelante es necesario dejar ir lo que el otro no desea que suceda. Y esto no se llama injusticia, se llama realidad.

Yo también lo siento mucho. Pero si del otro lado no hay deseo, no hay historia que vaya a ser vivida: lo que hay es una puerta cerrada.

Aceptarlo implica cortar las cadenas que uno mismo se puso, lavarse las manos, levantar la cabeza y prepararse para seguir la vida con un capricho no cumplido. Con un deseo apagado pero con miles esperando en la fila a ser encendidos.

Renunciar, muchas veces, es avanzar.

Entonces habrá que entender que, de vez en cuando, lo único que permanece inconcluso cuando del otro lado ya han dicho que no quieren, que simplemente no nos quieren, es la propia existencia.

Nuestra propia vida.

A partir de ahí hay que ponerse a trabajar.

6

Ese

Cuando ese recuerdo doloroso se transmuta en tu refugio más preciado, cuando deja de ser algo que te encuentra para ser algo que uno mismo busca, ahí, donde entras sin miedo, despacito, sin hacer ruido, cada vez que necesitas estar en paz… Ese, creo yo, es el final de tu duelo.

Cambios

Hay cambios que no son cambios. Son atajos para despistar al miedo que late en esa decisión que no te animas a tomar. A simple vista parece que uno hizo su trabajo, pero en el fondo sabes que estás mintiéndote.

No has cambiado, lo has cubierto de maquillaje.

Y cuando empiece a llover y toda la pintura se corra y acabes con la cara sucia, la tristeza y la apatía te asaltarán de nuevo.

A veces patear con la pierna izquierda modifica la dinámica del juego pero se sigue jugando como si nada. La estructura se mantiene intacta y esto está bien si es lo que uno busca.

Pero, otras veces, te sientes frustrado porque te das cuenta de que ese movimiento es lo único que te animas a hacer cuando en realidad la vida te está pidiendo que juegues a otra cosa. A algo nuevo. Distinto.

En la primera opción estamos hablando de un cambio en la dinámica del sistema.

En la segunda, de un cambio de sistema. ¿Se entiende la diferencia? Porque es esencial para comprender qué es lo que tengo que hacer.

A veces no es nada más. A veces es distinto.

No se trata de correr más o menos. Se trata de saber para qué lado estoy corriendo. Frenar. Dejar de correr. Y sí, claro. El bendito salto: dar la vuelta hacia otro lado.

¿Es gratuito? No.
Cuesta mucho miedo.
¿Y cuánto vale ese miedo?
A veces, la vida entera.

Aire

Te miré otra vez. Sentado frente a mí, y de repente ya no tenías más preguntas sin respuestas.

Mi cabeza se calló la boca.

No puedo creer que esta distancia haya sido solo el recreo más largo del mundo; nada más que eso.

Se acabó el misterio y la realidad golpeó en mi puerta.

En un segundo comprendí dónde se hallaba escondida la primavera todo este tiempo. Un puto segundo me bastó para saber que estuve ausente porque tenía las alas marchitas. La motivación, muerta. El deseo, apagado.

Tú no estabas.

Otro maldito *déjà vu* fue nuestra cena.

Dos copas de un vino que no tenía sabor a nada nuevo, y «Ya nos veremos otro día» fueron las palabras que cerraron la noche que nunca dejó de estar abierta.

Nunca dejé de quererte.

No te estaba olvidando.

Solamente estaba tomando un poco de aire.

No voy a salvarte

Te dije que te necesitaba y, en cuanto cerré la boca, me di cuenta de que era un mal comienzo.

Que si no estabas no podía ser feliz, y fue tu cara la que me reveló que todo estaba yendo a peor.

Esperé que mis palabras te conmovieran un poco y que te dieras cuenta de que eras el centro de mi universo, la llave mágica que conduce a mi felicidad y la palmada en la espalda que me salva de este desamparo vital.

Te estaba regalando el poder sobre mi vida para que te dieras cuenta de cuánto te valoro.

Hasta ese punto te quiero. Quería que sintieras el orgullo de poseer todo mi amor.

No medí las consecuencias de mis palabras.

Fue tu cara de desprecio la que reflejó que no ibas a aceptar el peso de esa mochila que yo intentaba cargarte, acaso sin pedirte permiso.

«Depender alivia, ¿no?», dijiste distante al probar tu café. Sí, claro que alivia. «Hay gente que no se quiere curar. Con el alivio les resulta suficiente porque curarse implica sufrimiento». Seguiste hablando con la fuerza de quien devuelve una pelota que le cayó inesperadamente en el jardín de su casa.

«A todos nos duele abrir las heridas para después tener que cerrarlas. Lo sé, chiquita. Claro que lo sé. Pero, también, están aquellos que, como yo, no quieren ser el remedio para la enfermedad que el otro no tiene ganas de afrontar».

«No puedo hacerte feliz», me respondiste.

«No quiero intentar algo que atente contra tu propio crecimiento y cargue conmigo en el camino como sacrificio a tu consuelo.

»No me conmueve que me traslades a la fuerza el mérito de tomar tus propias decisiones».

«La libertad da miedo», repetiste dos veces, mientras no apartabas la mirada de mí.

«Da miedo desperdiciar oportunidades, equivocarse, elegir rumbos que no conducen a nada, dar un salto demasiado corto. Dar un salto demasiado largo. Dan miedo las consecuencias y los resultados. Lo que dirá la gente que te conoce. Da miedo el silencio de tu almohada.

»El reflejo de la verdad en los espejos.

»Pero más miedo debería darte pretender que todo eso dependa de decisiones que otro tome por ti.

»Yo no voy a hacerte feliz.

»Yo no voy a salvarte.

»Yo no voy a dar el salto por ti.

»Ni tampoco tus sentimientos serán los míos.

»Claro que da miedo dejar lo conocido, lo sé bien.

»Pero ¿que me des la llave de tu vida? No. No te confundas.

»No la necesito como trofeo.

»Tu dependencia no me llena de orgullo. No me siento querido, amado o deseado porque me ofrezcas tu vida para ver si te la arreglo».

«No me eleva tu falta de fortaleza», dijiste mientras terminabas tu café.

«Me da mucha lástima».

Un abrazo

Un abrazo que te asalte por la espalda y te quiebre los miedos.

Que tenga la magia de romper la soledad en partículas tan chiquitas que ya no puedas, ni siquiera, distinguirlas en el suelo.

Un abrazo que te haga vibrar del asombro y te devuelva de un golpe a la vida. Milésimas de segundos te bastan para entender que la eternidad nada tiene que ver con cuánto dure un momento sino con la intensidad y plenitud con la que lo estás viviendo.

Un abrazo. Una mirada y un beso en los ojos. Sí. Me gustan los besos en los ojos. Siento que quien no ama es incapaz de cerrar los párpados con la boca.

Yo ya lo intenté y por eso sé lo que te digo. No miento.

Un abrazo que se haga cueva en otro cuerpo, que te proteja de tu respiración, la misma que de tanto cansancio, de tanto hartazgo, un día se transforma en viento.

Un abrazo fuerte, pesado, con ganas. Que te levante en el aire y te sirva como recuerdo cada vez que necesites un lugar a donde ir a descansar.

Claro. Eso. Un recuerdo.

Perdón, más que un recuerdo.

Un latido.

Un abrazo que destruya todas las mentiras anteriores, todos los versos confundidos con poemas y que les quite las espinas a las rosas.

No importa cuánto dure. Qué importa.

Un minuto. Un día. La vida entera.

Que sea el del encuentro.

Que sea incluso el de la despedida.

Que sea cierto. No importa que sea el primero, el del medio o el último.

No tengo pretensiones.

Solo te pido un abrazo que me abra el alma como un mapa. Que me mires y no hables. Que me toques y me leas y que entonces yo tenga la certeza de que ese abrazo fue, y siempre será, solamente mío.

Un abrazo, pero no cualquier abrazo.

Ese abrazo.

Ese

abrazo.

Dejarte

Hace muchos años leí un cuento muy cortito.

Recuerdo que estaba en la primera página, como si fuera el prólogo. Desde ese día, por algún extraño motivo, lo conservo intacto en la cabeza. Como si se tratara de un virus silenciado que se activa en muchos momentos de mi vida. Y hoy ha sido uno de esos momentos.

El cuento decía que cuando uno ve a un perro que es atropellado por un auto, en ese mismo momento y casi como un reflejo, lo primero que quiere es salir corriendo a rescatar a ese cachorrito indefenso, recogerlo del asfalto y encontrar desesperadamente la forma de curarle las heridas.

Realmente duele en el alma ver a alguien gritar de dolor. Y casi como un acto inevitable, se lo ayuda. Sin embargo, y tal como aparece relatado en el cuento, lo más probable es que ese perro, desvalido, destrozado y con la mínima fuerza que necesita para renquear, nos muerda. Nos suelte una dentellada.

Entonces uno se enfada. No puede entender la ingratitud del animal. Se reprocha a sí mismo haber tenido buenas intenciones. Se pregunta indignado por qué se metió donde nadie lo había llamado.

Nadie comprende que ese perro mordió porque estaba herido. Y como todo herido, está asustado.

Muchas veces yo también soy ese cachorrito que pega el salto cuando intuye que alguien quiere tocarlo donde lo golpearon. Es un mecanismo de defensa.

Pero, otras tantas, fui esa entrometida bienintencionada queriendo hacerme cargo de un dolor ajeno sin que nadie me haya pedido ese favor.

Y entonces también sé lo que se siente cuando te muerden.

Acá tengo las manos llenas de marcas de dientes.

Y duelen. Claro que duelen.

Sin embargo, y aun con la mano lastimada, pude entender algo importante.

No se le puede pedir a ese cachorro conciencia de lo que está haciendo.

No se le puede exigir que sienta arrepentimiento, culpa y pida perdón.

No se le puede pedir a alguien que está herido que valore nuestro gesto de amor.

Nada. Absolutamente nada se le puede pedir a alguien mientras está con miedo y sangrando.

Hay que dejarlo.

Dejarlo que supure el tiempo que necesite. Donde necesite. Y como necesite.

Hay que dejarlo solo a pesar de que nos dé pena.

Hay que darle espacio para que despierte. Tiempo y lugar para su propio aprendizaje. Un hueco en el que pueda enfrentarse con sus fantasmas y los recursos que tiene para matarlos, y, sobre todo, hay que reprimir el deseo ególatra de pretender salvar a alguien que no quiere ser salvado.

Soltar esto es muy duro. Pero quizá es la forma más honesta de aprender a querer a los demás. Porque todo este trabajo implica irse.

Asumir que con nuestro amor no basta. No le basta.

Hacerse a un lado.

Dejarlo crecer.

Que sea libre.

Corriendo el riesgo narcisista de que prefiera lamerse las heridas en otro lado. En otro cuerpo. En otro amor. O, lo que es peor, que con plena conciencia decida quedarse como está. No pretender sentirse mejor.

Es difícil.

Es una situación muy difícil.

Pero cuando uno percibe cuál de los dos es el adulto de la relación, tiene que armarse de valor y plantarle cara a esa decisión.

Los cachorros heridos no toman decisiones. No pueden.

Es el otro el que tiene que agarrar el bolso y decir adiós.

Y eso es lo que he hecho.

Hace un rato. Un par de horas. Todas las que llevo sin dormir.

Jugué la última carta que tenía: decirte adiós.

Una despedida dolorosa y dramática como una telenovela previsible de las dos de la tarde. Pero con la certeza absoluta de que marcharme quizá sea la forma que tú tengas de encontrarte.

Ojalá despiertes, mi amor.

Porque ese escalón en tu vida será también el recuerdo de un gran aprendizaje en la mía.

Dejarte para que tú puedas crecer.

Dejarte para que yo pueda seguir mi camino.

12

Vete

Cuando los moretones los tiene la autoestima, cuesta mucho recordar cuál fue el primer golpe. Pero me animo a decir, casi con la inocencia de todo debutante, que el primer puñal que te clavan por la espalda se llama maltrato.

Indiferencia.

Desprecio.

Silencio.

Como quien te hace sentir, con la fuerza de un huracán enojado, resentido, que tu presencia le sobra.

Le estorba.

Le complica la existencia.

No siempre la violencia se ve de inmediato.

A veces, hay que esperar un nuevo puñetazo en el ego para activar el recuerdo de la primera vez que te trataron como si no estuvieras. Como si no valieras nada.

Entonces, cuando un día cualquiera respondas con los recursos de un niño asustado, paralizado frente a la potencia de una voz que se levanta, de una mirada que nace por encima de la tuya, de una palabra mal dicha, en la orilla de una conversación que aún no ha comenzado, comprenderás que toda herida deja una huella que nunca se olvida. Lejos de eso, siempre se vuelve a sentir una y otra vez. No solo se siente, se revive.

No te repliegues frente a los cuchillos que ves salir disparados hacia tu pecho.

Vete.

Huir es también un instinto de supervivencia. Y el desamor, ese que se usa como herramienta de defensa, también es violencia.

Hay que tenerle miedo a la gente que te maltrata, que te humilla, que te subestima como modo de vincularse.

Es uno de los agujeros espirituales que después no sabes con qué llenar.

Es el amor propio ahogado en un pozo ciego sin una soga a mano para empezar a salir.

Vete, aunque no sangre. Vete igual.

Porque hay dolores que se imprimen en el alma y duelen siempre como si fuera la primera vez.

Siempre.

Duelen.

Como si fuera

la primera

vez.

13

Muérete

Solo transmuta quien despierta.

Esa persona que un día decidió tirar abajo el edificio que dejó de sostenerla. Lo revienta. Lo dinamita. Patea el tablero de su vida.

Duele. Sí, claro que duele.

Es como ir sacando un yeso que cubre el cuerpo y el alma entera de forma lenta. Muy lenta.

Y un día, uno pega un grito.

Me está doliendo.

Me tira.

Me molesta.

Y entonces se arrepiente en el camino.

No me lo quiero quitar aunque me resulte incómodo. Pero una vez que uno abre los ojos, no hay marcha atrás. Sigue. Sigue porque sabe que, si piensa en cosas hermosas, como cuando era chiquito, quizá se haga más soportable.

Y respira.

Cierra los ojos.

Y persiste. Sigue tirando. Avanza. Resuelve.

Camina.

Se va descomprimiendo.

La sangre oxigena de modo diferente. Se siente mejor. Sabe que le queda un poco más y ya está. Por eso sigue, aunque duela.

Cambiar no es fácil, porque supone romperse. Y romperse nos deja más vulnerables que antes de usar la máscara de lo impoluto. La indiferencia de lo que nos hace sentir cómodos.

Zonas de confort.

Morirse a viejas versiones de uno mismo implica millones de nacimientos. Miles de hojas en blanco.

Lápices de colores y dibujo libre. Y sí, el dibujo libre es el más difícil de todos, porque no cualquiera soporta la libertad.

«Muérete», decía el escritor. «Muérete» a la repetición de ti mismo.

Muérete a lo que ya no eres.

Permite que el dolor haga su metamorfosis.

Cambia. Arráncate la piel. Muerde los pedazos que ya no sirven, escúpelos. Deja que tu piel se regenere. Anímate de una vez.

Nada nos define. Nada nos nombra. Vamos siendo junto con las circunstancias.

Abre de una vez la puerta hacia lo novedoso.

Abre. Muere. Nace. Tantas veces como sea necesario. Hasta que sientas aire limpio en los pulmones.

Nadie puede romper con la toxicidad de un mundo enfermo. Pero sí puede hacer que esa toxicidad no lo afecte.

¿Cómo?

Muérete y empieza de nuevo.

Ahora.

Mañana.

Ayer.

No estabas

Probablemente no hayas sido tú quien me negó todo lo que esperaba encontrar en tu mirada. Supongo que fueron mis propias expectativas las que me humillaron al sentarme en la silla de la indiferencia.

Yo vi, con mis propios ojos, que no me querías.

Fui testigo y cómplice porque sé que tener la boca llena de nada es de mala educación, y sin embargo no te dije nada.

Me dolió percibir en ti la ausencia de deseo. Fue algo así como estar tocando el fantasma con el que me había acostado la noche anterior.

No estabas.

Imaginé un cuento que no existió ni siquiera como posibilidad de que fuéramos algo indefinido.

Sentí cómo me iba apagando poco a poco, a medida que la luz de tus ojos no pudo detenerse ni un solo segundo en los míos.

Me sentí poca cosa.

Triste.

Avergonzada.

No sabía si estabas esperando que me fuera, o si realmente alguna vez deseaste que llegara. Quizá tardé en darme cuenta de que había presionado el encuentro.

Fuimos dos cuerpos enfrentados sin un lugar donde poder conectar con los sentimientos.

No tenías nada para darme.

No me dejaste un solo hueco donde pudiera darte algo.

Solo quise probar si mi amor podía rescatarte de tu naufragio. Pero la que se terminó hundiéndose fui yo, en el medio del mar de tu desamor.

Yo vi cómo no me quisiste.

Sentí a la perfección cómo ni tocaste mi mirada.

Probé de tu boca el silencio.

Esperé todo este tiempo para verle la cara a la nada.

No estabas roto. Mentira.

Estabas seco.

Muerto.

Y ahora me duele el pecho.

La angustia me está haciendo respirar de una manera distinta.

Y a ti no te importa haber abusado de mi tiempo. Nada te importa.

Fue todo una mentira.

Vine llena de infinitas posibilidades donde todos mis sueños me decían que siempre sería primavera, pero me voy con el otoño en la garganta. Tragándome los pétalos de las flores que nunca florecieron porque ni siquiera me diste un pedazo de tierra en la que plantar la semilla de mi amor.

Ingrato.

Me llevo la ansiedad, el insomnio y la vergüenza.

Vine persiguiendo una oportunidad que nunca estuvo en tus planes.

Yo vi, con mis propios ojos, cómo no me quisiste.

Y ahora me toca irme de un lugar que nunca existió.

Mentiroso.

Mira cómo estoy. Perdida. Muy perdida.

Sin saber a dónde voy a llevar las flores para la despedida de una historia que nunca jamás sucedió.

Dime dónde termina este entierro.

Dime cuándo empezó.

15

Es la leña

Esta historia, que permanece escondida, silenciada, encerrada, es la leña que mantiene prendido el fuego de un hogar que no es el tuyo.

No te ama.

Te necesita.

16

Irme yo

Nunca me imaginé que irme también era un acto de amor.

Hasta que vi el dolor que te causaban todas las expectativas que nunca pude cumplir.

Todas las noches oscuras del alma que fui capaz de provocarte.

No sabía, te lo juro, que irme era, quizá, la forma más noble de quererte.

De liberarte de mis errores.

De mis razones egoístas.

De mis decisiones no tomadas.

De mi cobardía proyectada como enojo.

Estoy cerca y te hago daño. Después pido perdón y te digo que no fue mi intención. Simplemente porque esa es mi verdad.

Pero tu corazón no valora mis intenciones.

Solamente recibe los cachetazos de una mano que no puedo controlar porque, y en esto tengo que ser sincera conmigo misma, esta es mi forma de quererte.

Llevándote hasta el límite.

Jugando con tu inocencia.

Escapándome cada vez que logras darte cuenta de cuáles son mis escondites.

Entonces tu corazón grita. Se queja. Le duele.

Te duelo.

Y yo insisto en que te quiero.

Sin embargo, hace tres días que estoy sangrando por el dolor que te causé con mis propias espinas.

Te quiero mal.

Muy mal.

Tienes razón, todas las veces que te la niego.

Qué clase de persona soy que no puedo cuidarte del dolor de mis propias heridas.

Pensé en dejarte ir.

Pero es parte de mi hipocresía. De mi mentira. De mi especulación.

Te manipulo cada vez que permito que me dejes porque sé que mañana vas a volver.

Los dos sabemos claramente que esa puerta no puedes cerrarla.

No puedes.

Entonces, irme es mi manera de pedir disculpas.

Es quizá la primera vez que te estoy queriendo bien.

Cerrar esa puerta yo.

Irme yo.

Dejarte yo.

Clausurarte todas las puertas que ves como posibilidades.

Eso, todo eso, amor mío, es quererte bien.

Es pensar en ti.

Es cuidarte a ti.

Amarte a ti.

Quererte a ti.

Me voy y te prometo que no voy a volver nunca más.

Eso es quererte bien.

A pesar de que hoy no lo entiendas.

Me duele la cabeza

Olvidé la contraseña secreta de mis porqués.

De los motivos que me impulsan a seguir.

Otra vez, busco el silencio como la única autoridad que pueda devolverme las respuestas que olvidé, o que quizá perdí.

No lo sé.

Y entonces, debería ponerme a diseñar una nueva clave.

Dejar de lado la posibilidad de volver a encontrar la calma que me daba saber las respuestas y atreverme a pronunciarlas otra vez. Y descubrir que, probablemente, hoy sean otras.

Diferentes.

Incluso quizá se lleven muy mal con las anteriores.

Las que sostenía como convicción absoluta hace un año.

Un mes.

Unos días.

Ayer.

Hace un rato.

Estoy mal. Desorientada. Muy apagada.

Es tremendo no saber cómo encontrar tus propias respuestas, esas que alguna vez te motivaron a seguir transitando este ratito que es la vida.

Alguien que comprenda semejante desolación espiritual.

Juro que las busqué por todos los rincones de mi cuerpo. Incluso me mantuve atenta mientras dormía.

Pero no hay manera. Por favor. No las encuentro.

No hay una sola pista. Tengo la sensación de haber perdido la memoria.

No se lo deseo a nadie. Es como mirar una hoja en blanco. Vacía.

Pero, como siempre, entiendo que asumir ésta pérdida me está dando una nueva posibilidad: despertar.

Volver a construir nuevos deseos. Motivos. Causas.

No hay nada que cause más dolor que la duda. Que la indecisión. Esas elecciones que tienen tanto peso de un lado como del otro y uno no sabe cuál es la mejor. Para qué lado ir. Todo es tan opuesto. Tan diferente.

Me duele la cabeza.

Los pensamientos obsesivos no se van. Lejos de eso, en mi mente hay muchas voces que me están gritando y no me dejan descubrir cuál es la mía.

Es una trampa. Me estoy haciendo trampa.

Hay silencios que duran un segundo y bastan para que se produzca el milagro del diálogo interior.

Qué quieres.

Qué sientes.

Qué te pasa.

No hay voluntad que sirva cuando lo que te falta es la convicción.

Busca tu motivo. Ese. El que te alumbra el alma.

El que hoy te hace brillar.

Y cuando digo hoy, no estoy diciendo ayer.

O hace poco.

O hace un rato.

Hoy.

No el que se supone que deberías y que corresponde.

Eso quizá te mueva pero con los ojitos tristes.

Qué quieres tú y no qué quieren de ti.

Si sonríes al sospecharlo, imagínate cuando suceda.

Por la vida que nos queda

Cuando descubrí que tus miserias no eran más que la manera en que mis ojos miraban los pedazos de tu corazón que yo no elegía, respiré de forma distinta.

Pedirte que cambies los lugares donde disfrutas es esperar que la punta de la flecha vaya en dirección a tu pecho y no hacia el mío.

Si a ti no te pesa ser quien eres, y solo me duele a mí, estoy obligada a retirarme. Algo distinto, y cobarde, sería pedirte que te vayas.

Muchas veces me han acusado de vivir en la luna, y confieso que uno no entiende la pena que se le imputa cuando no cree estar arrastrando a nadie a ningún lugar.

Uno es de donde quiere y se acostumbra a serlo.

Y yo elijo dónde vivo. Por supuesto que sé perfectamente que en el camino hasta mi casa fui perdiendo muchos vínculos en los que me gritaban «Tierra, querida, dame Tierra».

Pero Tierra nada.

Perderé lo que tenga que perder. Pero yo me voy ahí, donde toco mi identidad con la punta de los dedos.

Donde muevo la cola como la mueven los perritos cada vez que festejan la llegada de su amo.

Y ese tesoro que el diccionario de tu cabeza lee como egoísmo, inmadurez, ignorancia humana, a mí me encanta.

Me vuelve loca.

Me salva mucho más, y mejor, de los lugares a donde tú quieres llevarme a pasear.

No son miserias. Por eso no las limpio ni las escondo. Lejos de eso, les saco brillo a cada rato porque, de hecho, son mi carta de presentación.

Mi agenda es otra: me muevo distinto. Hablo distinto. Siento distinto. Amo distinto.

Déjame en paz.

No quiero cambiar lo que me ha costado mucho tiempo conquistar y plantar la bandera.

Por eso hoy entiendo perfectamente lo que te pasa a ti.

La piedra que los otros ven en tu camino, para ti, su nombre es flor.

La ves flor.

Huele a flor.

Es una flor.

Por eso, mientras la abrazas, otros piensan que fracasaste, y esa sangre que te sale por la boca es de las espinas que estás dispuesto a pagar.

No tienes que explicarme nada.

Me tocó saberlo varias veces.

Y también sé que escupes dentro de tu cuarto, sin fastidiar a los demás.

No vas a cambiar.

No te quiero cambiar.

No te puedo cambiar.

Porque, para que eso pase, tendría que arrancarte la mirada de tus ojos.

Tu manera de percibir el mundo.

Y, sobre todo, tu manera de sentir.

Antes de que eso pase, el día que escupas la resaca de tus espinas y que yo no esté dispuesta a soportarlo, entonces preferiré agarrar mi bolso e irme a dormir a mi luna.

Aunque estemos lejos por un rato.

Por un día.

Por un año.

Incluso, y si es necesario, por la vida que nos queda.

No voy a formar parte de la lista de los que piden que seas otro.

Te quiero libre.

Aunque eso signifique que nunca habrá un nosotros.

Y que, entonces, nuestra historia de amor sea contigo allí y yo acá.

19

Insomnio

Perdóname por la hora que es.

Sé que no son momentos para hablar. Pero ya sabes que tengo insomnio y lo único que hago ahora es acordarme de ti. Te extraño como el primer día.

Que no te pida nada no significa que no quiera hacerlo. Solamente te respeto. Sabes muy bien que siempre fui mentirosa.

Perdón. Perdón.

Respetuosa, quise decir.

Me como los impulsos y me atraganto con los deseos que sé, perfectamente, que no por insistir se van a cumplir.

No tiene sentido que te despierte a estas horas. Conozco todas las letras de tus motivos para que, otra noche más, tú duermas en tu cama, mientras yo abrazo tu ausencia en la mía.

No te quiero escuchar.

Realmente no me interesa conversar de lo que sentimos si no lo vamos a sentir. No tiene ningún valor.

Tu palo en la rueda, en mi diccionario, se llama pluma. Imagínate la diferencia.

Pluma.

A mí, tus motivos no me pesan nada.

Pero tú no eres yo.

Y lo que a mí no me mueve un pelo a ti te parte la cabeza.

Lo mío no es terquedad. Es certeza.

Certeza.

Es que ojalá hubieras visto cómo me mirabas...

Ojalá te hubieras tocado cada vez que me tocabas...

Ojalá te hubieras escuchado todas y cada una de las veces que me hablabas sin decir nada...

Me callo la boca porque esto no lo resuelve un discurso. Las quejas me deprimen. Me aburre mucho discutir acerca de las ganas.

Esta historia, llamada imposible, solo se puede romper con la muerte de tu cobardía.

Y sé bien que decidiste morirte de otra cosa menos complicada.

No te gusta la agonía.

Sin embargo, y en cada insomnio, imagino cómo será el día que te des cuenta.

Que juntes todo el coraje dentro de tu boca. Que por fin te escapes de la jaula de tu miedo. Que transgredas los valores que supones que te limitan y dejes vivir el amor que se te escapa, cada vez, cada maldita vez, que evitas volverme a ver.

Tengo insomnio.

El teléfono en la mano.

El amor intacto.

Y ganas de quererte todo lo que nunca aprendí a querer.

Y eso es un montón.

Créeme.

Un montón.

20

Esa promesa

En tu recuerdo está la semilla de mi felicidad. Esa promesa que pude hacerte cuando tu corazón aún latía y, sin embargo, apenas hoy tengo la valentía de poder cumplirla.

Todo este tiempo no ha sido un recreo. Estuve trabajando mucho en mí. Tuve que defender mi necesidad de silencio y soledad frente a las demandas ajenas. Reinventarse supone cortes masivos y roturas que llevan tiempo de digerir. De entender.

Necesitaba aire.

Abrazarte a la duda implica romper con las convicciones que te enjaulan en una cabeza harta de latir siempre por el mismo lado.

El cansancio fue mi aliado. Sin tanta pena, nunca habría viajado hacia mí como lo hice.

Me descubrí. Me conocí. Me animé. Y me redireccioné.

Tu muerte subestimó la mía y entonces lo entendí: que si solo estoy de paso, quiero decidir cómo pasarlo.

Perdí muchas cosas que hoy no padezco. De hecho, comprendí que muchas de esas pérdidas llegaron tarde. Me arrepentí de decisiones que me han dejado varios callos de regalo, y así supe que hay situaciones que no voy a repetir.

No solo eso. Hoy juego distinto. Amo distinto. Siento distinto. Pienso distinto.

Hay que jugársela, pa. Y esto que te digo está del lado del autocuidado.

Jugársela no quiere decir saltar del quinto piso si sé que abajo hay cemento. Eso es ser estúpido, no valiente. El salto del que te hablo es un salto del que sabe dónde va a caer y entonces me permite llevar las herramientas para ir construyendo el piso.

Bueno. Herramientas es lo que he ido creando. Ya las tengo.

Todo este tiempo incumpliendo mi promesa, le estaba sacando punta al lápiz.

Limando mis propias asperezas.

Tengo el equipaje de mis proyectos ya preparado. Si salen mal, no importa. No te preocupes. Ya he aprendido cómo caer.

Tengo alas, pa.

No me asusta nadie porque ahora creo en mí.

No me quiero repetir. He tomado decisiones nuevas. Otras. Distintas. Esas que salen del corazón. Ya las concebí. Están acá conmigo. Tuve que morirme muchas veces para permitirme nacer en diferentes versiones. Sí, claro que soy yo. Pero había mucho más de lo que yo misma conocía y de lo que tú llegaste a conocer.

El chico que me gusta no me quiere. Si vieras con la entereza que sigo, no podrías creerlo. Su desamor no me ata. Me libera. Es un milagro.

Entonces aprovecho y vuelo, pa.

Vuelo.

En tu recuerdo está la semilla de mi felicidad y es hora de regar.

Hora de cumplir.

Mucha agua para mí.

Nido

Rompías mis miedos solo con mirarme.

Y así la herida se volvía risa.

Y las puertas de mi tristeza perdían la llave.

Y la oscuridad se tornaba verde, como el color de tus ojos.

En ese instante, absolutamente todo perdía sentido.

Era la forma más absurda de darme cuenta de que solo lo buscaba cuando mi amor perdía el nido.

Ahora que conozco las respuestas y sé perfectamente dónde queda, no hay árbol que lo sostenga.

Y sin árbol, lo que era mi nido se convirtió en un agujero abandonado.

Y de esos hay en todas partes.

En medio del asfalto.

En la esquina de una calle.

En cualquier parte de un cuerpo frío.

En mitad de la nada.

En todos los ojos que perdieron las miradas.

En camas con olor a pérdidas de tiempo.

Son pozos que, de tanto frío, a veces se confunden con cunas.

Pero ahí nadie duerme.

Ahí uno se esconde.

Y yo no los quiero.

No me sirven.

No me gustan.
No me cuidan.
No me nutren.
Son refugios.
Drogas que no se consumen pero que afectan igual.
Y yo conozco bien la diferencia entre querer perderse o querer encontrarse.
Y tú eras nido cuidando mi infancia en este cuerpo de adulta.
Nido.
No pozo.
No refugio.
No agujero.
No escondite.
Nido.
Eras nido.
Y cómo alguien puede no extrañar todo eso.
Dime cómo.

Arriba

Me fui, simplemente, porque quedarme era lo peor que podía hacer.

Yo me alejo y nunca digo nada. No me gusta el conven-
tillo, ese griterío barato que nunca conduce a Roma.

Por supuesto que sé que los dos nos dimos cuenta. Sí,
claro. Siempre fui bastante despierta a pesar de hacerme la
mosquita muerta. Lo hago solo para vivir un poco mejor.
No es cierto. Lo entiendo todo en el mismo instante en que
sucede.

Pero de todas formas prefiero el silencio. No quiero perder ni un minuto y ya siento cómo desperdicio el tiempo
que me lleva recordarte.

Nadie olvida fácilmente. No hace falta que me aclares
cosas mundanas. Pero la diferencia es que esta vez no me lo
he propuesto. Si te extraño o no, si pienso en ti o no, nada
cambia mi partida. Ahora estoy contenta. Me siento bien
conmigo misma. Tomo decisiones con certeza. Y cuando la
vara que te guía es la del amor propio, todo lo demás no
cuenta ni como competencia.

Me siento bien.

Hice lo que tenía que hacer. Ya saqué varias veces la cuenta, y si hay algo que no me conviene es seguir tirando tiempo
a la basura. Sabes tan bien como yo que lo que menos nos
sobra en esta vida es tiempo. Se trata de un tema que hablamos varias veces en esas conversaciones sin sentido que te-

níamos todos los días para repasar la agenda y marcar la equis de la tarea cumplida.

Un espanto.

Y la verdad es que yo, después de pegarme semejante viaje hacia mí misma, sé perfectamente que el hecho de que no me convengas me basta y me sobra para salirme de esta historia triste.

Acá y ahora.

Ya.

No me ha pasado nada distinto.

No hiciste nada nuevo.

No he cambiado mi actitud.

Deja de querer adivinar.

Frené. Solamente frené. Y dos minutos me bastaron para darme cuenta de que el fuego ya no quema. Y entonces recordé todos los encuentros que nunca tuvimos y me pregunté qué estaba haciendo en ningún lado.

No quiero entretener a nadie.

Lamento en el alma tu soledad, pero no quiero ser el atajo de tu aburrimiento.

Juega a otra cosa.

No me causa placer ponerme a sostener lo insostenible.

No me ha pasado nada distinto.

Frené y me di cuenta de que estaba caminando para atrás. Y yo…, sin desmerecerte en lo más mínimo, quiero caminar para adelante. Y con adelante no estoy hablando de futuro.

Con adelante estoy diciendo arriba.

No. No.

Más arriba.

Pero mucho más arriba.

23

No tengo ganas

Hay un mecanismo muy raro. Que hoy no tengo ganas, ni siquiera, de buscarle un nombre. No me interesa.

Estoy enojada.

Pero necesito que se entienda que a veces uno rompe el tesoro que encuentra porque tiene miedo de enfrentarse a la idea de no estar a la altura de las circunstancias de semejante regalo.

Entonces lo destruye.

Se escapa.

Le ve fisuras donde nos las tiene. Sí. Las inventa.

Se abraza a las excusas que se introduce como espadas en la boca.

Y le explica muy disciplinadamente que ahora no se puede.

Que no es el momento.

Que prefiere dejarlo para más adelante.

Que ahora está atravesando un mal momento.

Le pide perdón por haberlo ilusionado.

Pero le explica que después acabará agradeciéndole que se haya ido.

Que en verdad, en este estado, prefiere quedarse solo.

Que no tiene nada bueno para dar.

No sabe decir la verdad porque no se entiende ni siquiera a sí mismo.

Tiene lo que todos quisieran en el centro de la mano.

Se sabe afortunado.

Claro que lo sabe.

Pero no puede.

El miedo le gana la batalla a la autoestima, y antes de mostrarle al otro sus fantasmas, prefiere matar el amor que no se siente capaz de recibir. Ni mucho menos capaz de dar.

Uno sabe lo que se está perdiendo. Pero no tiene con qué salir a recuperarlo. Y entonces se suelta.

Decide caerse.

Lo deja ir.

Lo pierde.

Perdón. Pide perdón. Cientos de veces pero pide perdón.

No sabe a quién ni por qué.

Pero aun así lo pide.

Perdón a uno mismo. A uno mismo, joder. A uno mismo.

Perdón.

«Lo opuesto al amor es el miedo», he leído siempre por ahí. Y nunca lo había entendido.

Hasta hace un rato.

Un minuto.

Un segundo.

Tu llamada.

Hasta que te vi feliz.

Muy feliz…

En otro lado.

Santificado

«No te quiero lastimar» y «No te quiero perder» son las dos frases kármicas que salen de la boca de todas las personas que me cruzo en la vida.

Menos de la tuya.

A veces pienso que fuiste el más honesto de todos. Tú también me lastimaste, pero si hay algo que nunca hiciste fue perder el tiempo en querer recuperarme.

Eso es ser sincero de verdad.

Es ser congruente con las palabras que nunca dijiste.

Jugar con las cartas sobre la mesa y tener el coraje de dejarme que las vea.

Es dar el portazo final con la impunidad del que sabe que no se lleva a su casa una bolsa de mala moral.

Nunca pude ponerte en penitencia y castigarte por ninguno de los puñales que me clavaste por la espalda.

No hubo promesas.

«El que avisa no es traidor», dicen. Y así te destrozan con la garantía firmada, como comprobante en la mano.

Pero tú fuiste el más listo de todos. Me dijiste todo lo que no me podías dar y cumpliste como un campeón. No tengo nada. Y nada fue lo que me diste.

No tuve dónde volver a llorar porque apartaste el hombro antes de ponerlo.

No hubo promesas.

Todas las expectativas corrieron por cuenta propia.

No hubo un lugar a donde volver.

Ni siquiera una puerta a la que llamar.

Sin embargo, tu amor me enseñó todo lo que quiero volver a vivir. Y con esto me refiero a toda la primera parte. Sí, claro. Ese momento hermoso, cuando te encargaste de desplegar todas tus armas de seducción sin saber que lo que a ti te quitaba la autoestima era justo lo que a mí me hacía sentir bien.

Yo amé tu verdad.

Siempre jugaste con las cartas de la honestidad sin importarte si ganabas o no.

Nunca te importó ganar porque fuiste el único que, sin pretender herirme, ni perderme, me mostró el alma a las claras.

No puedo reprocharte nada.

En mi cabeza estás impoluto.

Santificado.

Me enseñaste todo lo que no sabía del amor.

No hacía falta mentir.

El amor no se promete. El amor es la única cosa en este mundo que no se promete pero se cumple.

Y tú nunca prometiste.

Siempre cumpliste.

Al revés

Es más fácil pensar que cambió y no pensar que dejó de sentir lo que alguna vez sintió. Y sin embargo, lo segundo explica tan bien lo primero que si nos animáramos a comer la verdad con las manos dejaríamos de preguntarnos las respuestas.

Es al revés.

Siempre que cambia el afecto, cambia la forma de actuar.

Entonces, cuando te quería, seguramente te lo demostraba.

Y ahora que dejó de quererte, esa luz se apagó.

No cambió la persona. Cambió lo que siente.

Es al revés.

Todo el tiempo es al revés.

Lo que pasa es que todos quieren evitar el dolor. Y mientras tanto no se dan cuenta de que lo único que están haciendo es perder el tiempo.

Me apego

Cuarentena, día incierto.

No conocía el balcón de mi cuarto.

Solo lo miraba desde la cama. Esta es la primera vez que vengo a escribir acá. El frío siempre me dio miedo, y aun en las peores noches de verano, no me animaba a pisarlo.

Por algún motivo decidí traerme todas mis pertenencias.

Supongo que es una forma de cobijarme. De entrar en un nuevo lugar sin percibirlo extraño. Como esos niños pequeños que se trasladan a otros lugares con su mantita como acompañante.

Bueno, acá tengo mis mantitas.

El portátil. Unos libros. Sahumerios. Velas verdes. Una caja llena de lápices y colores. Algunos budas. El termo y el mate.

La foto de papá.

Los niños están con Hernán. Entonces el silencio manda.

No los echo de menos. Necesitaba aire.

Me levanté hace un rato, porque también supongo que me habré dormido hace un rato. Realmente ya no encuentro el límite entre el ayer y el hoy. Todo está amontonado desde que el mundo empezó a gritar.

La cuestión es que cerré los ojos y hoy los he abierto con una idea latiéndome en la cabeza: sin deseo no se puede.

No se va a poder.

Y sin embargo, sé perfectamente que la tarea no es fácil.

Porque lo único incierto que tenemos es el futuro. Y el presente que está llamando a la puerta para que le abramos duele.

Entonces ¿cómo hacemos para proyectar, tratando de avivar un deseo a punto de entrar en terapia intensiva, si nadie sabe qué mundo nos va a quedar después de mañana? ¿Y cómo se hace en el mientras tanto para disfrutar de un presente en el que todos estamos perdiendo algo, algunos incluso la vida misma?

Cómo se hace. Cómo se sigue.

Y la única palabra que se me ocurre, y mientras la siento en el cuerpo al nombrarla en voz alta me abraza, se llama «apego».

Apego.

Tan cuestionada y tan maltratada los últimos tiempos por todos aquellos que trabajamos en función de la independencia afectiva.

Y caemos en la misma cuenta de siempre en estos momentos en los que la tragedia es lo urgente.

Evolución no tiene nada que ver con el progreso.

El apego ayer era condenado a pena de muerte. Y hoy es el hueco por donde tenemos que entrar para salvarnos la vida.

La verdad, y creo que es el momento de confesarlo, es que me cuesta mucho escribir sobre el amor. A veces pienso que eso tiene que ver con que todavía no he tenido la suerte de conocerlo. O que quizá todo aquello que conozco tiene más que ver con los portazos. Y sin embargo…

Mis hijos.

Mi mamá, mis hermanos, mis sobrinos.

Mis amigos.

La gente que me quiere y que me cuida. La gente que quiero y también cuido.

Las caras de las personas que me salvaron, sin saber que ya había sido salvada antes también.

El perfume de papá.

Los recuerdos que me constituyen.

Los domingos en la casa de mis abuelos. Mis abuelos.

Los chicos del barrio. El colegio.

Los viajes realizados y los suspendidos en el aire.

Las noches pidiéndole a la luna un poco de piedad. De suerte.

Pidiéndole que vuelvas.

De eso estoy hablando.

A eso hoy me agarro y no me suelto.

Apego.

Liberemos el encierro de la palabra «apego».

Abrámosle la jaula y quitémosle toda maldición que, sin saber, le hemos escupido en la cara.

Perdón, pidámosle perdón, por haber sido tan ignorantes.

Al fin y al cabo, no tiene la culpa de nada.

Hoy todos los libros están mal escritos. Merecen que se les prenda fuego.

Nadie supo nunca nada.

Y entonces...

Cierro los ojos. Me toco el pecho. Huelo el olor de la hierba mezclado con el sahumerio que flota en el aire y solo pienso en eso.

Flotar.

Es momento de flotar agarrada bien fuerte a una madera.

Que me sostenga. Que no permita que me caiga. Que me haga de refuerzo.

Y que después, porque hay un después, me acompañe a una nueva orilla que todavía nadie sabe dónde queda.

Me apego.

No me suelto.

Me apego.

A todas mis pertenencias.

Alguien

Alguien que te quiera lo suficiente como para ser capaz de aliviarte los dolores.

De llevárselos un tiempo. De intentar coserlos con los hilos del desinterés.

Alguien que sea capaz de abrazarte la espalda derechita, quieta y mentirosa.

Que sea capaz de romper la armadura sin pedir permiso hasta dejarla caer en el piso de su propio cansancio.

Arrastrado.

Agobiado.

Repetido.

Alguien.

Alguien que te acaricie la cabeza.

Que te cure las heridas.

Que te ponga una manta encima.

Que apague todas las luces y te enseñe cómo suena el sonido del silencio.

Que se siente en el borde de la cama y te escriba en la mirada sin decir una sola palabra:

«Va, duérmete».

«Duerme tranquila. Que yo no me voy».

Me escapo

Me pongo a revisar mis bordes cada vez que siento que alguien intenta abrirlos.

A mí no me gusta que me quieran formatear para ajustarme a las necesidades del otro. Es algo que no solo me aleja, sino que además me indigna.

Creo que toda identidad se construye y yo necesito aire, silencio y mucha intimidad para poder meterle ladrillos a lo que voy construyendo. La vida es dinámica y realmente no quiero encerrarme en una estructura. No sirvo para eso.

No me quiero guardar en un portarretratos porque no soy una foto.

No creo en la quietud del deseo. Ni siquiera creo en un propósito de vida que excluya a cualquier otro que todavía no he tenido la suerte de conocer.

No me queráis agarrar porque me escapo.

No me digáis cómo es porque cada uno tiene su forma de ver el mundo.

Yo también tengo la mía.

No me queráis forzar a una interacción si eso supone crear un vínculo que no circula por la energía del amor.

No me gusta hacer esfuerzos para querer y mucho menos para que me quieran. Son cosas que suceden sin más.

Cada vez que me toco el pecho y lo siento vacío, necesito un buen rato para pensar qué voy a hacer en ese desierto.

Mi silencio grita paredes adentro. No estoy quieta. Estoy muda.

Porque estoy decidiendo. Y yo decido así. Con la boca cerrada y un candado en la puerta.

No me importa el tiempo que me lleve de aislamiento, porque todo lo que sucede puertas adentro es evolución. No estoy perdiendo el tiempo. Lo estoy invirtiendo.

Quiero respeto.

No me gusta la gente que toca el timbre aunque fuera haya colgado un cartel que dice NO MOLESTAR. No importa si estoy ahí. No molestar.

No es muy difícil de entender.

Es que me estoy diferenciando de lo que veo y no me gusta. Y a pesar de que no me veas, así es como me voy sintiendo bien.

No he tenido suerte. A mí me toca construir.

¿El qué?

Todo lo que te imagines.

Casi todo lo aprendí tarde y con muchas heridas, pero ese aprendizaje ha sido la base de mi autogestión. Por eso necesito que entiendas que si yo quiero poner el baño donde a ti te gustaría poner el salón, de todas formas voy a decidir yo.

Porque es mi casa.

Mi hueco.

Mi ladrillo a ladrillo.

Y acá decido yo.

Tengo voz, aunque hable bajito. Si me ves quieta es porque no me gusta el estruendo. Detesto los chismorreos. Pero ahí donde siento que tengo que traducir el lenguaje de mi alma para que puedas entenderlo no me quedo.

Nunca me quedo. Huyo, y digo huyo porque me escapo.

No hago ruido.

Yo los movimientos los hago por dentro. Y ese es mi cambio. El que tú te diste cuenta cuando ya pasó.

Todo lo demás son campanas en la noche.

Mucha murga haciendo ruido.

Y a mí me encanta bailar. Pero cuando nadie me ve es cuando bailo mejor.

29

Ni siquiera un poco

Que puedas darte cuenta de que quien te quiere es imposible que te haga daño.

A conciencia.

En su sano juicio.

A favor de su deseo y en contra de tu vulnerabilidad afectiva.

Que teniendo todas las cartas en la mano, esas capaces de dejarte expuesto para que te lancen los cuchillos de la indiferencia y el desamparo, les da la vuelta en medio de la mesa y elige cubrir tu desnudez. Ponerle una manta a tu pasado.

Y sabiendo que no es capaz de encender la llama que otros apagaron, tiene la osadía de irse sin girarse para apagar tu llanto.

Ojalá entiendas que nadie que conozca el lugar donde te arde merece el beneficio de la duda, pensando que derramó el perfume, justo ahí, porque lo olvidó.

Nadie que te haya roto en mil pedazos es la persona indicada para venir a juntártelos.

Ojalá lo entiendas más temprano que tarde.

Porque quien te ama no te mata.

Ni siquiera un poco.

30

Y me lloré a mí misma

No hace mucho leí un poema. Más que poema era un mapa.

Un mapa donde el poeta guiaba tus pasos para llegar a un lugar llamado salvación.

En esas letras me di cuenta de que el que escribe está tan solo como el que lee, y esa percepción de soledad compartida me dolió por dos.

Y ahí empezó el calvario.

Me lloré a mí misma.

A gritos.

Sin consuelo.

Con la cara destapada.

Así. Con la inocencia violenta de un niño al que no le importa el qué dirán.

Lloré mucho.

Como ayer de madrugada, cuando recordé casi como un mantra que tu vida es un desastre, que todo tú eres un problema. Y luché contra mis intentos de querer llamarte para ver qué necesitabas.

Aprendí hace tiempo que el mayor problema de los corazones rotos es la manera cruel en que te cortan sin darse cuenta.

Los corazones rotos cortan. Y conservan el privilegio de la impunidad.

Nadie les dice nada. No tienen culpa, ni pena ni castigo.

Solo hay que huir.

Entonces, a favor de mi instinto de supervivencia, no hice nada.

Me aguanté las ganas y antes de dormirme tomé la decisión de volver a llorarme a mí misma.

Me preocupa todo lo que te pasa.

Y entonces lloré como si también eso que te perturba fuera mío.

Con la fuerza de un huracán que no escatima llevarse puesto el mundo en el pecho.

Tú no podrás entenderlo. Pero yo necesitaba limpiar la impotencia de no saber cómo cuidar a alguien que no quiere ser cuidado.

Y entonces, siguiendo el hilo rojo de mis nostalgias, marqué tu número de una bendita vez. Mamá.

Me cuesta escuchar el sonido de tu enfermedad.

Pero por fin me digné a hacerlo.

Y pude oír claramente el abismo atravesado en tu garganta.

Tu manera infantil de preguntar qué sentido tiene todo esto a estas alturas de tu vida.

Y entonces, como era de esperar, cambié de tema.

Te di las fuerzas que te faltan.

Relativicé las arrugas de tu cara.

Desmentí el poco tiempo que te queda.

Y aproveché la promesa de llevarte algo a tu casa para cortar de una vez con esta conversación.

Algo que funcione como una muñeca en la noche de Reyes.

No lo sé. Un regalo que nos una al menos las espaldas.

Dejé tus medicamentos y un poco de comida en la puerta de tu casa. Cruzamos algunas palabras y me fui corriendo al auto.

Sí, claro. Fui a llorarme a mí misma a un lugar donde nadie se atreviese a preguntarme qué me pasa.

A un espacio que, por el solo hecho de no ser las cuatro paredes de mi casa, me haga creer que estoy en libertad.

En medio de todo este desastre que no da puntada sin hilo sigo imaginando tu presencia detrás de una puerta que ya no está.

Una mano que ya no acaricia.

Tanto quisiera que estés, papá. A veces solo para darme el lujo de cuidarte.

Pero no estás.

Y esa ausencia al menos hoy me fortalece.

Porque me recuerda que un día hubo alguien.

Que me quiso tanto.

Que hizo de pañuelo.

De cueva.

De amor.

De ternura.

Y que me daba el permiso de llorarme a mí misma hasta que el agua me limpiara la vida, sabiendo que después, cuando yo abriera los ojos, se iba a disfrazar de sol para poder darme la luz que todavía, y sobre todo hoy, me hace mucha falta.

31

Catorce años

Acabo de contar mi secreto ante la mirada de nadie. Lo de nadie es un decir. Pensándolo bien, fue ante la mirada de todos.

Jugué al juego de la silla vacía, tal como me lo enseñaron hace décadas en la universidad. Entonces, después de poner la silla frente a mi cama, te senté ahí.

Mi fantasía te convirtió en testigo involuntario de miles de palabras horribles que salieron de mi boca y que, gracias a Dios, nunca escuchaste.

Mira la hora que es. Yo despierta y tú durmiendo, participando de estas locuras mías. Disculpa por las molestias, pero realmente te necesitaba.

Te conté todo de primera mano. No vacilé un solo segundo. Casi como una película, te fui relatando absolutamente todo lo que pasó y lo que sentí en cada latido. Jugaba con el pasado y volvía al presente para explicarte el porqué de mis porqués. Supongo que ahora lo entenderás todo como corresponde.

De más está decirte que era virgen en esto de confesar lo peor de mi vida.

Catorce años callada.

Lo hice contigo porque siento que eres la persona adecuada para estas cosas.

No cualquiera es capaz de no juzgar semejante testimonio, y a pesar de que te quedaste sin palabras para intentar revertir mi sentimiento de culpa, debidamente sentido, me dejaste hablar hasta el final.

No me interrumpiste ni una sola vez.

Lo único que me preguntaste, en momento dado en que me viste respirar, fue si alguna vez fui feliz en medio de todo esto. Y simulando una sonrisa te detallé las tres veces que lo fui.

Cuatro.

Perdón. Fueron cuatro.

Terminé de hablar y empecé a hacer un barquito con el pedacito de servilleta que me sirvió de pañuelo.

Movía la cabeza agachada, sin poder levantar la mirada, y suspiraba como si estuviera saliendo una ola interminable de aire sucio.

Supongo que seguía desintoxicándome.

—Tranquilo —te dije—. Quédate tranquilo.

»Mañana me voy. No, qué digo mañana, me voy ahora.

»No te preocupes por mí. Estaré bien, y además los dos necesitamos descansar.

—¿A dónde te vas a ir, Lorena, a estas horas? —me preguntaste, sin invitarme a que me quedara.

«Entiendo tu rechazo a las miserias que te acabo de contar —me dije a mí misma en silencio—. Soy detestable».

—Llama a un taxi, por favor —te pedí, mientras me ponía en pie y me acomodaba la cara, la ropa y la transpiración—. Te prometo que no me verás más.

Necesito que así sea, porque creo que tomé esta iniciativa sabiendo que, momentos después, iba a desaparecer de tu vida.

—No te vas a ningún lado, Lorena —me volviste a repetir. Pero la invitación a quedarme contigo seguía sin aparecer. Y está bien, claro que está bien.

Me dio mucha pena cómo disimulabas los nervios, tratando de contestarme una pregunta que no te había formulado.

En esta historia no había preguntas.

Mucho menos respuestas.

Tengo muy claro que hay cosas que no vuelven nunca. Elecciones que no se deshacen. Vidas que para ser cambiadas no basta con que sean pateadas. Tienen que volver a nacer.

Pero nacer de verdad.

Y realmente no cuento con esa magia.

También sé que todo lo que uno construye sobre la base de decisiones que tomamos mientras dormimos son ficciones.

Puros malabares.

—Gracias —te dije—. Gracias por escucharme.

»Pídeme un taxi —te repetí, mientras deambulabas por la casa haciendo kilómetros alrededor de la mesa.

Escuché el motor del auto y te di un beso. Breve. Apurado.

Si yo necesité tantos años para hablar, no te iba a forzar en ese momento a que me dieras un abrazo de consuelo.

En definitiva eres un fantasma, y también actuaste como tal.

Sin embargo, doy las gracias por este momento siempre y hasta el final de mis días.

Aunque tú no te hayas enterado de que estuviste a mi lado, sentado en esta silla vacía. Sin ti no habría tenido con quién romper este silencio.

Te debo mucho.

Sobre todo el aire que respiré después de haberlo dicho todo.

Tengo los ojos chinos.

El cuerpo más liviano.

Y la satisfacción del deber cumplido.

Una última cosa me queda por decir antes de que cierres la puerta de tu casa:

—Mi calvario nunca fue sentir que había pecado. Fue la vergüenza de no animarme nunca a decirlo.

32

Seremos amor

Solamente leyendo el título que encabezaba tu mensaje viví una revolución en todo el cuerpo. Me latía el corazón en la garganta.

Estaba contenta como una niña pequeña que no entiende qué palabra es la que se pronuncia cuando alguien la hace sentir importante.

¿Se le darán las gracias a alguien por querer? ¿A quién se le agradecen esas cosas?

¿Se festeja en silencio y nada más?

¿O la gente normal responde de corrido, y con una mueca de alegría le basta para celebrar ese momento?

Me dijo que elige no perderme.

Y no era deseo. Lo sentí. Era ternura.

Amor que no duele.

Que llega a destino y se satisface en ese mismo lugar, que nada salió a buscar, sino que se quedó a descansar.

Amor que abraza.

Que cuida.

Que da de comer en épocas de hambre.

Y entonces, mientras removía el agua en la cacerola con la mirada fija, incapaz de darme cuenta de que no había puesto nada todavía y regando la cuchara con un par de lágrimas, me pregunté...

Cómo puede ser que, queriéndonos tanto, te dé ese mísero lugar.

Cómo puede ser posible que alguien capaz de pronunciar esas palabras solo ocupe un ratito de mi vida.

Tan poco espacio…

Tan poco tiempo dedicado…

Tan poco somos para tanta emoción…

Me culpé por no valorar las cosas que importan.

Por ser injusta en mi lista del tiempo invertido.

Por no reaccionar antes de que un día tú decidas irte de mi vida.

Y me contesté con una pregunta hacia mí misma, con la imprecisión de no saber qué iba a responder.

¿El amor ocupa un lugar?

¿Ocupa un lugar?

Entonces me acordé de cuando, hace más de cinco años, imposibilitados de definir el nombre del vínculo que nos unía, me dijiste algo que en ese momento sentí que era una mentira poética.

No lo sentí.

Lo sabía.

Son frases que resuelven el momento.

Una huida a la nada que podías regalarme.

Una salida elegante para alguien que no se anima a sentir con la sangre en la cabeza.

Sin embargo, fíjate qué bien me viene hoy todo ese racimo de palabras hermosas, poéticas y delicadas que dijiste con la cobardía puesta en el teclado tras el cual te escondías.

Ayer fueron una espada en las vísceras.

Y hoy es la respuesta que me salva.

Tenías razón.

No importa cómo se llame el vínculo que nos une.

Ni la distancia.

Ni el tiempo.

Ni el olvido.

A quién le importa eso ahora.

A quién.

Entonces recuerdo a la perfección el sonido de las letras cayendo en mi teléfono…

Tranquila.

Seremos amor, Lorena.

Seremos amor.

Tranquila.

33

Volver

Ahora que ya estoy bien, o quizá un poco mejor, y llevo dentro las palabras que me dejaste como guía, esas que un día me hicieron falta, te quería decir, o acaso proponer, sin dar tantas vueltas, o quizá esté dando demasiadas, si hay alguna posibilidad de que puedas volver a mi vida de la misma forma en que te fuiste.

O que nos fuimos.

O que me fui.

No sé qué pasó contigo, pero en cuanto a mí, tuve que huir por un tiempo para poder volver desde otro lugar. Desde acá. Un lugar hermoso, donde ya no tengo expectativas. Ni sueños. Ni siquiera me habita el deseo de estar a tu lado.

Tampoco espero que las cosas cambien.

Ni que tú cambies.

Ni que yo cambie.

Te lo juro.

Sé que suena algo raro, confuso, y quizá estés dudando de la veracidad de lo que te digo. Y que creas que probablemente esta es mi manera de decirte que no aguanté la distancia. Que estoy intentando prenderle fuego a la decisión que tomé de manera tan meditada. Tan estoica. Con tanto orgullo y amor propio.

Pero no importa.

A mí no me importa pasar vergüenza. Quedar expuesta. Mostrarme vulnerable.

Rara.

Perturbada.

De verdad que no me importa lo que pienses.

Yo volví de todas formas.

Porque sí.

Porque no te quiero perder.

Porque tu silla no la pudo ocupar nadie todavía.

Y no se trata de que no haya habido alguien.

Se trata del lugar. De tu lugar. Del espacio de tu cuerpo en mi vida.

En mi pecho.

La ausencia de tu nombre que mi boca ya no pronuncia.

Y sin embargo la distancia que tomamos hace un tiempo me devolvió la respuesta que hoy he traído para preguntarte.

Así.

Sin darle tantas vueltas. O en esto estoy equivocada y están siendo demasiadas.

O quizá no.

Quizá hoy esté de suerte y solo puedas ver la transparencia de mi voz entrecortada.

A quién le importa.

A quién le importa eso ahora.

Solo estoy acá, de pie. Con la mirada hacia el suelo. Agarrándome mis propias manos. Caminando sobre mis propios pies. Un poco asustada.

Inquieta.

Ansiosa.

Respirando de forma distinta.

Latiendo fuera de mi cuerpo.

Es que…

Simplemente te quería pedir si podías hacerme el favor de volver a mi vida otra vez.

Volver.

Suena tan hermoso.

Volver…

Pero no de poco a poco. Sino de forma brusca.

Repentina.

Imperativa.

Violenta.

Como antes.

Al fin y al cabo, yo… yo hace rato aprendí a desechar las formas que adopta el amor. Con el paso de los días uno se da cuenta de que la vida cambia en un solo instante. Y ahora que sé y que acepto que no podemos llamarnos de otro modo, ¿me harías el favor de… volver?

No creas que es una súplica. Por favor. Es tan solo una pregunta.

Simple.

Una propuesta.

Quiero tomarme café contigo. Que te sientes. Que me escuches. Que me veas.

Olerte.

Quiero olerte.

Y volver a esa costumbre tan nuestra en la que solías repetirme suave, muy suave…

«No tengas miedo, Lorena.

»Quédate tranquila.

»Todo irá bien.

»No tengas miedo, Lorena. No tengas miedo».

No te necesito. No es eso. Te lo juro.

Pero te extraño.

Y tengo miedo.

Miedo.

Mucho miedo.

34

El mundo

Dicen que me quieren cuidar porque estoy herida. Que se me nota la nobleza en la voz y entonces conmigo no.

Que no se juega.

Que no se traiciona.

Que no se jode.

No entienden nada. Nada entienden.

Me duele igual que lo hagas con otro.

Exactamente igual.

La herida que tengo es del mundo devenido nada. De valores pisados y tergiversados. De gente que mira para un lado cuando el otro pide una soga. De esos que no le dan dos pesos al niño que está de pie en la esquina, porque todos saben que pide dinero para evitar que el padre le dé un bofetón cuando llegue a casa.

Entonces uno no va a contribuir a la miseria de ese hombre borracho que entrega a su hijo. Se piensan que uno es tonto y no lo sabe. Ignorantes.

Por tanto a su reflexión burguesa no se le cae una moneda del bolsillo.

Que le pegue, pues.

Que salga a trabajar.

Son los mismos que no ceden el asiento a quien lo necesita porque están esperando que lo haga la persona que tienen al lado, que tampoco lo ve porque está mirando para otro lado a propósito.

La herida que me sangra también es la tuya.

Esa que se te abre cuando sigues queriendo a alguien que no te elige, pero que te tiene en pausa. Por supuesto que me duele el alma ver que te quedas ahí, donde te muerden el corazón sin dar un portazo y destruir la puerta de la repetición.

Yo no estoy herida. Estoy despierta.

Despierta.

Veo lo que tengo que ver. Y eso que supones un don divino, de otra galaxia, se llama humanidad.

Me duele que te sorprenda.

Me duele que valores en mí lo que debería resultarte normal.

Por eso te digo que me duele el mundo.

No es metafórico. Es bien literal.

No tengas miedo de lastimarme. Porque el miedo deberías tenértelo a ti mismo si conmigo estás tratando de ser la excepción.

No quiero que me beses la herida.

Quiero que ni se te pase por la cabeza ser capaz de tocarla.

No me duele mi herida. Ni mi angustia. Ni mi desamparo.

A mí me duele que sean capaces de sacar la espada y no el tajo que provoca cuando me toca la piel.

No me duele el golpe. Me duele que me quieran golpear.

Que lo quieran hacer conmigo, y también que lo intenten hacer contigo.

Me da lo mismo que conmigo no, y que contigo sí.

No se trata de mí.

Es el mundo.

Me duele el mundo, te estoy diciendo.

El mundo.

35

Lucía

Nada que venga de ti puede ser más fuerte que tú misma. No entiendo qué tontería estás diciendo. Escucha lo que dices.

Escúchate, por favor.

Entiendo perfectamente que a veces los impulsos que nos mueven tienen un origen tan lejano que luchar contra eso se parece bastante a luchar con toda nuestra historia. Y la actitud, entonces, parece cuestión de vida o muerte. Y a veces tiene más cara de muerte que de vida.

No reniego de la verdad.

Pero no me importa en absoluto, porque estoy segura de que ganarás.

Porque un suceso no determina lo que vendrá después.

No dejarás que ocurra. Y si es necesario volver del revés la vida que llevas para volver a nacer, entonces, que así sea.

Volverás a nacer.

Y si eso significa rebelarte, te sugiero que empieces ahora mismo. Ya. Porque si yo no puedo escuchar que me digas que no eres capaz de hacerlo, tú menos que yo deberías pensar en regalarle tu vida al pasado.

Puedes hacerlo. Romperás la condena infantil de sentirte menos que tú misma en el mismo instante en que nazcas otra vez.

¿Que cómo se nace de nuevo?

Narrando una nueva historia.

¿Que cómo se hace?

Se construye otra vez.

Poco a poco.

Gateando.

Paso a paso.

Dejando que duela lo que tenga que doler.

Cambiarás el relato de tu historia, Lucía.

Y para eso tienes que empezar a vivirla.

¿Cómo que cuándo?

Desde hoy.

¿Cómo que por dónde se empieza?

Llámalo y dile que ya basta.

Llámala y dile que ya basta.

Llama a uno por uno y diles que ya basta.

Quítate el pijama, lávate la cara y dite a ti misma que ya basta.

¿Duele?

Sí, ya lo sé.

Nacer duele. Todos los bebés lloran.

Tienes que nacer.

Y ya sé que tu mamá ya no está.

Sí. Sé perfectamente que tu papá tampoco.

Ya lo sé.

Es acá, Lucía.

Mírame. Mírame. No dejes de mirarme.

Yo te sostengo.

Vamos, Lucía.

Volverás a nacer.

Acá estoy.

Yo te sostengo, Lucía.

Rebélate contra todo, Lucía.

Rebélate.

Es el momento de nacer.

36

Solita

Hace un tiempo me dijiste golpeándote el pecho que me las arregle solita.

«No cuentes conmigo para nada». Así. De forma literal.

Te confieso que nunca vi a nadie tan inquebrantable en su promesa. Las cosas pasaban, la vida me dejó varios moretones, y tú firme al pie del cañón de tus palabras.

Me pasó de todo. El agua al cuello. La soga en la garganta.

Y sin embargo a ti no se te movía una coma.

Una altura que daba envidia.

Quieto. Inmutable. Seguro.

Frío.

Un témpano de hielo.

Una mierda.

Yo, un poco incrédula, seguí insistiendo hasta hace pocos días. No es que te necesitara. Cree lo que te digo. Solamente necesitaba comprobar que esa porquería que había invadido tu cuerpo como una metástasis inesperada se había reciclado en otra cosa. Qué sé yo. No lo sé. Pero supongo que la falta de empatía tiene un límite, y yo quería verle la cara al tuyo.

Pero nunca lo vi.

Siempre que supongo, supongo mal.

La cuestión es que cuando me soltaste la mano, con expectativas de ver cómo me devoraban los leones, pensé que te ibas a deleitar. Pero también me equivoqué.

Me los comí a todos.

Bajé los brazos para tomar aliento y seguir subiendo los escalones de mi propia escalera. Me pusiste la zancadilla y tropecé.

Me la volviste a poner y tropecé otra vez.

Cien veces, si quieres.

Cien veces.

Hasta ayer que te detuve en el aire y puse en práctica eso que tan bien aprendiste tú. «Hay que usar la fuerza del adversario como defensa».

Algo así era, ¿no?

Nunca usé la mía porque no la tengo. Yo soy loca. Pero no soy jodida.

Pero a ti siempre te sobró lo que a mí me falta. Entonces fui juntando tus sobras. Hice un puñado con toda esa mezcla y cerré la mano. Y sí. Te la devolví en toda la cara.

Perdón. Perdón. Ya sé que te ha dolido. No fue a propósito. Pero todo eso es tuyo. Te lo quise devolver porque no me gusta quedarme con nada que no me pertenezca.

Tranquilo. Cálmate.

No te he hecho nada. Solo esquivé por primera vez lo que venía y rebotó como una pelota en ti. Y sí. Te ignoré y la solté sin darme cuenta.

Perdón.

Te pido perdón.

Pero me dijiste que me las arregle sola.

Y acá estoy.

Haciendo lo que puedo.

Sabes muy bien que soy incapaz de hacerle daño a una mosca. Pero ojito con lo que me tiras porque ya he aprendido el secreto de toda esta historia.

Si me rebelo, pierdes.

Si me rebelo, se te cae el ego a pedazos.

Y sin ego, te quedas desarmado.

Desnudo.
Sin poder.
Tarde pero aprendí.
Sí. Sí.
Solita como tú querías.
Solita.

37

Todo es igual

Esta vez estoy con los ojos abiertos.

Deja que te diga que esa es la única diferencia.

Huelo los pasos que intentan conducirme al camino del eterno retorno.

Conozco perfectamente todo lo que viene después.

Entiendo hasta qué puerta me quiere llevar esta nueva experiencia, simplemente porque conozco el secreto: no es nueva.

Es la prueba perversa que me pone el mundo para ver lo que he aprendido.

Es el diablo vestido de santo metiendo la cola.

Todo es igual.

Son mis expectativas las que lo ven de forma distinta. Es mi deseo el que opina y construye castillos en el aire. Y yo conozco bien lo que duelen los ladrillos al explotar cada vez que se destruyen.

Tiempo, energía y amor, tirados al cubo de la basura.

Parece que sea diferente pero no lo es.

Estoy despierta y atenta.

He crecido.

Exijo mi evolución al espejo porque sé lo que quiero y esto no me lo va a dar.

No voy a caer en el mismo pozo por la simple razón de que se encuentre en otra dirección.

La historia es idéntica.

Lo único que cambia es el nombre de los personajes. El resto es la cara de la repetición.

Y, por eso, es la oportunidad de revertir la historia de mi vida.

Le voy a agarrar la cola al diablo.

Se la voy a agarrar.

No te creo.

No me creo.

No nos creo.

Conozco estas mariposas. Y también sé lo triste que es sentir cómo mueren dentro de mi propio estómago.

Duele un cielo entero parir expectativas frustradas.

Duele. Un horror lo que duele.

Entonces me tengo que cuidar mucho antes de permitir su nacimiento.

No se van a gestar.

No quiero embriones extraños en mi cuerpo.

Me retiro.

No hay juego.

No hay intento.

No hay tormenta.

No hay ilusión.

No hay espera, ni futuro probable ni nada.

Lo único que hay son realidades que me gritan en la cara.

Otra vez no, por favor.

Otra vez no.

Y esta vez… juro que no.

38

¿Por qué?

Sé que me ves, a pesar de que todavía no haya recibido tu respuesta.

No estoy segura de que sientas lo que me pasa, aunque a veces creo que se me sale por la piel.

Estoy haciendo las cosas bien, pero no siempre funciona. La gente tiene confundidos los valores, y lo que un día parece blanco e impoluto al día siguiente se tiñe mágicamente de negro, y cualquier cosa le trastoca las convicciones. Pasa a actuar de forma impensada.

Uno nunca termina de conocer a nadie. La gente te sorprende.

Veo seres queridos negociándose a sí mismos a cambio de limosna.

Sé que parece el comentario de una niña salida del colegio, pero no toda la gente es buena. No solo eso, a veces hay gente que necesita estar con alguien que los lastime. Pensarás que estoy un poco loca, pero entre todos ellos yo me siento menos.

Tengo miedos que antes no tenía.

Estoy volviéndome un poco insegura.

En el fondo creo que me perjudica la idea de saber que hay armas que no tengo. Sé perfectamente que hay lugares en los que no puedo competir con nadie.

Me da pena el mundo, pero a veces me doy vergüenza ajena por tener un alma que no sabe dónde ponerse.

Me duele que las cosas que deberían producir rechazo coticen al alza. No pueden estar todos confundidos, papá.

Algo estoy haciendo mal y no consigo darme cuenta.

No es normal tener la pastilla de la desilusión todo el día atravesada en la garganta. A veces parece que algo está cambiando, pero al poco tiempo me doy cuenta de que no. Que es solo mi percepción empujada por mi deseo.

Un deseo que inventa señales.

Que las magnifica.

Que las hace potentes.

Hay personas que manchan todas las expectativas de un vínculo sano en un segundo. Se golpean el pecho y se aplauden a sí mismas. No son malas. Quiero creer que en el fondo padecen algo diferente de lo que padezco yo.

No lo sé.

A veces me canso y vuelvo a creer que es mejor no involucrarme para no sentir otra vez. Y la verdad es que llegar a esta conclusión es tremendo. Un espanto.

De todas formas ya ves que, después de patalear un poco, sigo. Al fin y al cabo esa otra parte me recuerda cómo es ese lado de la vida que no quiero habitar.

Es muy difícil vivir acá y así. No digo que estoy sola. Digo que somos pocos, y tú eras uno de los míos.

¿Me ves, pa?

Necesito que me contestes.

Yo siento que sí. Que voy bien. Pero a veces me duele. Entonces me cuesta mucho entender la incongruencia de esta pregunta permanente.

¿Por qué duele si voy bien, pa?

¿Por qué?

No siento culpa

Todos estos días en los que el mundo está enfermo me he acordado de ti más que nunca.

No estás. La vida te llevó antes y sin embargo no dejo de imaginarme qué habría pasado con tu vulnerabilidad frente a todo este caos que se nos cayó a todos sobre la cabeza.

Es tan nítida la imagen que me hago que no puedo creer que no sea cierta.

Pero todos los que te conocimos alguna vez sabemos que eras de los que dejaban el miedo y el lamento de la puerta de tu casa para dentro.

«Yo estoy bien. Por mí no te preocupes. Dime qué necesitas tú».

Y repetías fuerte la palabra «tú».

Sí, yo.

No puedo imaginarme otra cosa más que la certeza de este teléfono sonando varias veces al día, hostigándome con palabras repetitivas que declaran en forma de ruego que me cuide.

«Cuídate, muñeca; te lo pido por favor». Y en ese «por favor», tu voz se hacía

Drama.

Tragedia.

Terror.

«Cuídate, muñeca. Cuida a los niños. Ten paciencia», y mil historias más que hoy me hacen distinguir perfectamente la soledad del aislamiento.

Te extraño tanto, pa.

El teléfono no suena. Sin darme cuenta, tanteo para ver si funciona. Y recibo la respuesta silenciosa que me oprime el pecho. Sí, claro que funciona.

Solo que tú no estás para pedirme que me cuide.

Para decirme que no salga.

Para llevarme la frente contra tu pecho y besarla en la distancia.

Me guardabas ahí dentro. En ese hueco donde tu altura delataba lo chiquita que me volvía a tu lado.

Y ahí, en ese recoveco, solías sellar el momento con tus palabras mágicas.

«Cuídate, mi amor. Hazme el favor y cuídate».

Te extraño tanto, pa.

Tus palabras ya no las pronuncia nadie.

Quisiera cuidarte lo que no te cuidé antes. Y no estoy nombrando la palabra «culpa». Lo que tengo son ganas. Y tener ganas en estos casos es mucho peor.

Porque la culpa tiene remedio. Una vuelta de tuerca. La expectativa de que algo vaya a cambiar.

En cambio, las ganas de ti siempre van a quedar vacías.

Insatisfechas.

Muertas.

Es esa parte de la vida que tuve que entender que no va a volver nunca.

No estoy llorando.

Por suerte me abrazo al sonido de tu voz que todavía tengo intacta.

Y parece mentira que tu olor todavía perdure en mi olfato. Pero yo te huelo.

Y entonces sonrío.

Y entonces me cuido.

Y entonces sigo.

Y, quizá por eso, sigo.

40

Verdades prestadas

Hay respuestas que no llegan en forma de respuesta. Llegan en forma de experiencia. Y esas vivencias no tienen letras. No construyen palabras. No forman oraciones.

Pero valen igual.

En la mayor parte de los casos, valen lo que vale una verdad.

Son la verdad.

A veces nos respondemos preguntas que solo nos sirven de información. Carecen de sentido si uno no las logra sentir en el cuerpo.

Esa es la diferencia.

La respuesta tranquiliza. En cambio, la verdad tiene su propio latido.

Se siente. Es intransferible. No se puede traducir. No se cuenta. No es verbal.

Ilumina los ojos de quien la sabe. Nadie puede decirte tu verdad. Podrán darte información. Pero la verdad se vive. Y para que ese suceso aparezca, tenemos que viajar hacia nuestro interior.

Durante mucho tiempo he oído voces dentro que me contestaban en voz baja lo que yo misma pensaba en voz alta.

Pensaba que era mi papá desde las nubes, que tenía conocimientos irrefutables. Contar con la posibilidad de ver tu vida desde el cielo te hace pensar que nadie que vea una foto panorámica de todos tus tiempos verbales pueda fallar.

De hecho, todos tenemos en algún lugar un muerto devenido en sabio que nos da mucha paz.

Pero era yo. Eran mis propias voces en la boca de él.

¿Por qué? Porque en su voz resultaban más verdaderas. Se transformaban en mi guía. Y darle la responsabilidad a otro me hacía sentir más segura.

Así, durante mucho tiempo, muerta de miedo, me quedaba quieta preguntándole al aire qué tenía que hacer.

Hasta que un día, por suerte, uno cae derrotado en su abismo interior.

Ahí te das cuenta de que eres tú y tu silencio. Nadie más vive ahí. Y es en ese silencio donde habita la respuesta.

Más profundo. Ese silencio es la respuesta.

Con los ojos cerrados sientes cómo se te infla el pecho.

Te caen cientos de fichas como un juego de dominó y logras el milagro que tanto esperabas.

Dentro, querida. Dentro está la llave.

No necesitas magia.

Solo mucho valor para querer escucharte.

Para sentirte.

Para olerte.

Para no mentirte más.

En ese silencio no hay nadie que te mire.

Es cierto. Podrán decirte cómo llegar a ese lugar, pero nunca nadie puede saber lo que hay dentro.

Deja de pedir verdades prestadas.

Abre las alas en medio de tu silencio.

Respira libertad.

Rompe tus propios muros y déjate sentir.

Y la verdad te será regalada.

41

Es viento

Que no me veas reaccionar no significa que no entienda todo lo que nos pasa.

Mis respuestas no son palabras. Son hechos. Tomas de decisiones. Cambios de paradigma.

No necesito decirte nada.

Cuestionarte nada.

Plantearte nada.

Pedirte nada.

Estoy despierta hace un largo rato. Algunos años más de los que habría preferido.

Ya sé que me ves quieta. Inmóvil. Sin sobresaltos, y entonces quizá concluyas que ya no me importa. O lo que es peor: que no me doy cuenta.

Que soy muy inocente.

Pura.

Santificada.

Pero no.

No es así.

Claro que me importa. Todo me importa. La vida entera me importa.

Pero, a veces, ponerse los guantes solo tiene la fuerza de querer demostrarte lo bien que defiendo mi parte.

Y sí que la defiendo. Si vieras cómo la defiendo…

Pero yo no rompo vasos. No piso fuerte. No doy portazos ni manipulo con mi llanto.

Yo también hablo cuando decido retirarme.

Cuando decido irme.

Desaparecer.

El silencio también es una decisión.

Las voces que más ruido hacen, muchas veces, son las que no se nombran.

Hay voces que no salen de la boca.

Son voces que se llevan en la sangre.

Que dan la cara.

Que llevan nuestro nombre.

Que uno puede mirar a los ojos y escuchar sin dudar.

Son voces actuadas.

Puestas en todo el cuerpo.

En la mirada relajada.

En las manos abiertas.

En la mutación de la respiración.

En el latido intermitente.

En el olor de la piel renovada.

Yo no necesito gritar.

Mi silencio no es mudo. Lejos de eso, construye su propio idioma.

El silencio bien hablado tiene alas.

¿Las ves? Acércate. Toca.

Toca.

Mi silencio es viento.

Y fue lo que más de una vez me ayudó a cambiar mi mundo.

42

Te voy a mentir

Me siento emocionalmente expuesta ante ti.

Como si solo con leer mis líneas supieras algo que nunca te he contado.

Mi lápiz se hace voz en alto cada vez que sé que me lees, y eso me da mucho pudor.

No te quiero contar nada.

No te estoy hablando a ti.

No estoy desvelando la historia que supones que tuvimos o vayamos a tener.

Todo, absolutamente todo lo que siento me pertenece.

No quiero que te lleves nada mío.

No seas tramposo.

No quieras desvelar un misterio que nadie instaló.

A veces te escucho y me doy cuenta de que las cosas que estás diciendo son las que yo misma escribí.

No es lindo sentir que te han estado espiando.

Yo me doy cuenta de todo.

Parezco tonta, pero soy muy viva.

Crees que al leerme estás entendiendo mi historia.

Eso no es leer.

Eso es querer olfatear.

Nada sabes de mí.

Nadie nunca sabe nada de nadie.

Solo escribo porque es mi manera de jugar al solitario.

Me dices que me quede tranquila y eso me pone nerviosa. Siento que me estás robando y que no quieres que te escuchen los vecinos.

Pero te estoy escuchando yo, y eso es suficiente.

De tranquila nada.

Estás confundiéndolo todo.

Y, sin embargo, después te escucho y comprendo que soy yo, también que escribo lo que te pasó a ti, acaso sin saberlo.

Que también y sin darme cuenta estoy hablando por cualquiera.

Aminoro la paranoia un poco y me río mientras remuevo el café.

Puede que tengas razón, y las palabras no sean propiedad de nadie.

Casi como un reclamo, me dices que también son tuyas.

De la vida.

Que no me pertenecen.

Que yo solo tengo la posibilidad de hacerlas poema.

Lo sé.

Si desactivo mi soberbia, tengo que asumir que es así.

Puede ser. Sí.

Pero también es cierto que hay mucha gente adjudicándose lugares que no les pertenecen.

Por eso prefiero no responder. Permanecer en silencio.

Y cada vez que tengas la violencia en la boca preparada para preguntar por qué escribí lo que escribí, te voy a mentir.

Te voy a mentir solamente para que aprendas.

Escribo porque soy libre mientras lo hago.

Me escondo ante los demás, pero me veo ante mí misma y resuelvo pedazos de vida inconclusos.

No me importa lo que pienses.

Nada de lo que escribo tiene que ver con nadie.

Ni contigo.

Ni con él.
Ni con ella.
Mi mundo interior está bajo llave.
Todo lo que digo tiene contraseña para poder entrar.
Amor es la clave secreta.
Y todavía no la tiene nadie.

43

Del amor

Cuántas catástrofes emocionales se habrían evitado solo con estar ahí.

En la trinchera de la angustia del otro.

En el latido de un corazón cansado.

En las tristezas que necesitan ser escuchadas.

En los dolores del otro.

En las necesidades del otro.

En los pozos del otro.

Y cuántas noches de insomnio compartido se habrían vuelto regalo.

Fiesta.

Verano.

Si hubiésemos estado ahí. Junto a esa cama.

Fuera de la cama.

Rompiéndole la cama.

Abandonada.

Desierta.

Muchas veces convertida en tumba.

Y no me refiero a nada extraordinario.

Me refiero a la letra chica de los preceptos del amor.

Estar atentos.

Cuidar.

Cuidar del verbo dar. Del verbo sostener. Del verbo acompañar.

Estar pendiente del otro tan solo por un rato.

Por un momento.

Por solo un instante.

Que quizá, y solo quizá, lo haga volver a la vida sin espacio para la duda.

Motivado.

Valorado.

Amado.

Quizá sea el momento de romper los mandatos emocionales que cada vez nos sumergen en un aislamiento más profundo, donde el cuerpo que se cae tiene que construir una soga en medio del barro y tratar de sacarse a sí mismo.

Hablo de estar pendiente del otro.

Amorosamente.

Atentamente.

Cuidadosamente.

No hablo de volverlo incapaz.

Hablo de volverlo humano.

Del amor, hablo.

De la letra grande de los preceptos del amor.

44

Cualquier nombre me da igual

Que sepas que todas las últimas veces que te he llamado ha sido a modo de reparación.

No se trata de ti.

Cualquier nombre me da igual.

Es comprender que si esto fracasó fue porque algo me faltó dar.

Entonces me siento afortunada por tener una nueva oportunidad.

Un perdón que olvidé pedir.

Un rencor que ya logré sanar.

Una equivocación que olvidé aclarar.

Un abrazo que no ofrecí.

Un encuentro que, si no se da, que quede bien claro que no fue por mí.

Es intentar compensar mi sentimiento de insuficiencia con la autoestima ya golpeada. Pisoteada. Perdida.

Es volver a llamar a la puerta con una excusa, cualquier excusa que me haga suponer que siempre nos van a unir un par de puntos suspensivos hasta que algo distinto pase.

Es ver un nuevo horizonte no tan lejano.

Un arcoíris.

Una esperanza.

Una mierda.

Autoengaño.

Es autoengaño.

Mendigar amor.

Mi corazón está en situación de indigencia.

A la intemperie.

Necesita un techo y una cama.

Y entonces con esa carencia cargada en la espalda no puedo dejarte a pesar de todo.

A razón de nada.

Y así tengas la presión de mi incondicionalidad para no irte.

Frente a tanta presencia, supongo que un día cualquiera…

Mañana

Pasado

Dentro de meses

O años

Recordarás que hay alguien que te quiere tanto pero tanto que no te conviene dejarlo.

No importa la espera…

No se trata de ti…

Cualquier nombre me da igual.

Eso es lo que yo hago siempre como un ritual que me encadena a un pasado sin resolver.

Es un intento desesperado, errado, tóxico para evitar que un día cualquiera…

Mañana

Pasado

Dentro de meses

O años

No se te ocurra irte.

Ni a ti.

Ni a nadie.

Otra vez.

Nunca

Más.

Eres la culpa

Tengo mucho miedo de que mi esfuerzo ya no baste para mantener el fuego encendido. Por mucho que me canse de echar leña solo quedan unas pocas chispas miserables. Tristes.

Se está apagando el calor.
Y la culpa es tuya.
Yo sola no puedo.
Yo sola no quiero.
Me canso. No tengo ganas.
Este fuego está forzado.
Ya no quema.
No me da calor.
No me sirve.
Quiero que se consuma de una vez por todas.
Ver las cenizas y entenderlo todo.
Tirarlas a la basura.
Esto no es fuego.
No se parece en nada a las fantasías de dormir abrazada al hogar de tus brazos.
Fuiste causa y ahora eres la culpa.
Tienes la culpa.
Toda la culpa.
Contigo volví a sonreír.
Y por ti.
Y por tu desgana.

Y por tu apatía.
Y por tu descuido.
Y por tu culpa.
Por toda tu culpa.
Ya no recuerdo cómo lo hacía.

46

Sin embargo

Por esa mentira insípida, estúpida, disfrazada de piedad, se fueron cayendo una a una todas tus verdades.

A partir de este momento, todo lo anterior está bajo la lupa de la duda.

No te creo nada.

Y cuando digo «nada», divido la palabra en dos con la fuerza de un portazo.

La rompo. La destrozo.

Del mismo modo en que también destruyo tu nombre.

Ya no sé quién de todas tus voces fuiste.

Estaba herida.

Sabías que estaba herida y aun así tuviste la cobardía de entrar por la única rendija que viste abierta: la de mi vulnerabilidad. Espacios tan minúsculos que solo es capaz de verlos quien investiga.

Ganar haciendo trampas no es ganar. Es robar. Y tú robaste.

Nadie que lleve puesto un antifaz se merece el premio de la conquista.

Robaste. Y robar habla muy mal de ti.

No esperes que te diga una sola palabra al respecto. No tengo intenciones ni siquiera de llevarte a la verdad.

Mi amor se evaporó fuerte. Rápido. Con la fuerza de un puño golpeándome en medio de la cara que todavía me arde.

Pero no esperes que te conceda el privilegio de la palabra.

No pienso decirte nada. Nada.

Ya lo sé todo y eso es lo único que necesito para escapar de tu lado.

No quiero jugar a que me retengas.

No me interesa escuchar el sonido de una voz desesperada haciéndome creer que entendí las cosas mal.

He dejado de quererte. Así, como por arte de magia.

No te quiero.

Y sin embargo, mi amor…

Voy a hacer como que nunca pasó nada y entonces mañana todo seguirá igual que hoy.

Yo voy a seguir tragando la pastilla de la decepción, y tú continuarás simulando ser quien no eres.

He dejado de quererte.

Te has marchitado de manera irreparable.

Marchito. Estás marchito.

Verte en ese estado no me gusta. Me da pena.

No me interesa echarte las cosas en cara para hacerte consumir la droga del remordimiento.

Tu alma es muy pobre.

Y no quiero hacerte pasar vergüenza porque me daría mucho pudor presenciar esa escena.

Yo estoy tranquila.

Sé perfectamente que cuando a ti te haya dolido herirme ya no necesitaré perdonarte.

Olvido se llama a eso. Olvido.

Y se pronuncia punto final.

47

Yo respiro

En noches como hoy, sé que toda la libertad que quiero es proporcionalmente idéntica a la que me falta. Miro la línea que me conduce al lugar donde quiero estar y me doy cuenta de que me separa una vida de distancia.

Si parara el tren que me lleva hasta la puerta a la que quiero llamar, tampoco podría subirme.

Parece una metáfora decir que la vida que uno tiene no le pertenece en absoluto. Pero a la hora de cambiar la orientación de la brújula, te das cuenta de que es bien literal.

Los chicos están en su cuarto, tratando de no hacer ruido para que yo pueda conectarme con lo único que me saca de esta realidad: las palabras.

Siempre las palabras.

Les debo las posibilidades infinitas de transportar mi cuerpo a donde mi alma pide estar.

Se lo debo todo.

Las palabras son lo único que tengo a mano para transformar mi mundo en el mismo momento en que lo estoy imaginando.

La ilusión empuja.

La fantasía hace su trabajo.

Pero el límite son los otros que te necesitan. Que te piden estar, que pasan la factura de la obligación de tu presencia, que choca con mi verdadera necesidad.

No siempre quiero estar a tu lado.

Ni tampoco al lado de todos vosotros.

La mitad del tiempo de cada uno de mis días me pide irme a vivir a un pueblo.

Sentir el destierro de una tierra que no quiero pisar.

No quiero que la gente me conozca. No quiero conocer a la gente.

No quiero tener vidas a cargo, ni tampoco ser un peso en la vida de nadie.

¿Cómo me escapo de lo ya hecho?

Uno construye cadenas mientras elige el color de las paredes de su casa pensando que lo que está creando es su lugar.

Y los lugares que uno ama no pueden tener ladrillos.

Los lugares que uno ama no pueden oler a encierro de paredes pintadas con el pincel de las obligaciones.

Los lugares que uno ama deberían regalarnos la posibilidad de entrar y salir, con la certeza de saber que no estamos lastimando a nadie.

¿No es así? ¿Acaso no debería ser así?

Pero uno se cree libre.

Uno cree que construye su historia.

Pero se pasa el tiempo atendiendo teléfonos que no soporta escuchar sonar.

Voces de gente que quiere arrancarlas de su historia pero ya están dentro haciendo mella hace rato.

Si uno supiera que la vida es imparable y que un paso arrastra diez millones más, frenaría de repente.

Tomaría aire.

Se taparía los oídos, los ojos y dejaría al descubierto solo el latido de su propio corazón.

Pero nadie nos avisa.

Y uno se da cuenta tarde.

Cuando despierta, ya la ha vivido.

Quisiera culpar a todos. A alguien. A ti.

Pero me culpo a mí misma, porque conmigo es con quien duermo.

Sigo pensando que no hay nada por hacer que revierta las secuelas de un pasado que hoy es presente peleando con el deseo de mi futuro.

Todo me conduce a un pozo ciego donde lo único que se ve es que no hay ninguna salida.

Y entonces pienso en ti.

Y respiro…

Aunque no sucedas.

Aunque no estés acá conmigo.

Aunque no vuelvas nunca.

Aunque no vivas nunca.

Aunque nunca hayas existido.

De repente veo una ventana y la abro.

Y entonces respiro…

Yo respiro.

Ya no dolor.

Respiro amor.

Esperando

Eran las tres y media de la madrugada. Supongo que me escribiste no por elección sino porque de entre todos tus contactos era el único que viste disponible.

Y cuando digo disponible, no quiero decir en línea. Quiero decir disponible para ti.

En la palabra número seis me di cuenta de que estabas borracho.

No eras tú quien me hablaba. Era tu niño interior, roto y abandonado llamando la atención.

Todo lo que decías no tenía nada que ver con lo que querías decir. Al fin y al cabo, repetirme una vez más que me querías liberar de ti y de todas tus miserias no coincidía con el puente que tendiste entre tu necesidad de recibir afecto y la mía, de tener dónde poder alojar el mío.

Me precisabas ahí. En ese momento en que la noche se vuelve un pozo ciego.

No querías que te rescatara. No querías que sostuviera tu dolor intoxicado. Ni acaso que te dijera algo que pudiera desplazar tus heridas de lugar.

Presencia. Querías presencia.

Y eso es lo que hice. Acto de presencia.

Eran las seis de la mañana y seguías borracho. En cuanto a mí, me esforcé por mantenerme despierta y seguir remojando los pañitos en un vaso lleno de compasión, que luego le pondría a tu soledad hasta que se te pasara la fiebre.

Supongo que nunca te diste cuenta de que estaba ahí.

Ni yo. Ni tu fiebre. Ni mi intención de querer curarte. Ni tampoco tu dolor.

La conversación, para ser generosa con la palabra, terminó yéndose al lugar al que era obvio que querías llegar: una cama. Virtual. Sin amor. En la distancia. Una cama de esas que te garantice que no tenías la exigencia de amar. Una cama que no te encuentre solo, pero sin nada para dar.

Y ahí terminamos.

Cualquier atajo que hubiera visto en el camino para sacarte de la melancolía de tu vida ingrata habría dado igual.

Lo mío fue un mal acto de humanidad.

Una soga que acabó ahorcando mi propia dignidad.

El paso final fue sentir cómo tu voz se apagaba poco a poco. Con tu última respiración entrecortada pude quedarme tranquila al saber que esa noche te pudiste dormir con una mano acariciándote la cabeza.

Te dormiste sin despedirte de mí. Y yo me dormí contigo, creyendo una vez más que te había salvado.

Creyendo mal.

No pude enojarme contigo al día siguiente después de esperar una disculpa que nunca llegó.

¡De qué te ibas a disculpar si no tienes ni la menor idea de lo que te estoy hablando! La adulta acá soy yo. La persona mayor que le contestó un mensaje a un niño perdido tocando timbres a las tres de la mañana fui yo.

La que se acostó con nadie fui yo.

La que llamó al día siguiente para ver si mis pañitos de compasión te habían curado las heridas fui yo.

Tu respuesta fue la de siempre. Las mismas respuestas de un niño.

«Todo bien, jaja».

No fue culpa tuya.

No fue tu egoísmo.

No fue tu ingratitud.

Fui yo.

Fui yo ofreciéndome como un objeto en sustitución de la botella que te faltaba en la nevera.

Evidentemente mi infancia también está herida. O quizá mi adultez. O mi vida entera. No lo sé. Pensar que yo podía salvar a alguien me dio un valor que, por algún motivo, hacía rato no podía encontrar.

La que quedó vomitando tu resaca fui yo.

Quien está limpiando este desastre no eres tú.

No me quejo. Tengo el teléfono lejos. No me interesa que alguien venga a ayudarme. Cada acto me lleva a un nivel de conciencia que quiero superar.

Y esa noche la vida me puso el mismo examen una vez más.

Suspendí.

Sí. Lo suspendí.

Y acá estoy. Estudiando mucho. Pensando mucho. Repasando mucho.

Con tantas ganas de que vuelvas a llamar…

Señales

Buscamos señales a gritos en todas partes y no nos damos cuenta de que nos están tocando la espalda hace rato.

Tarde

Dudo que te perdones cuando veas que otro abrazo es el que me contiene.

El que me da cobijo, cama y ganas de volver.

No creo que puedas perdonarte cuando veas cuánto estimulo a quien amo para que se atreva a volar bien alto y muy lejos.

Y entonces entiendas que la distancia no la evalúo en kilómetros sino en cercanía.

De las que motivan.

De las que vibran.

De las que te conectan con la vida.

Sé que no vas a perdonarte cuando veas mi amor abrazando otro cuerpo y entonces pueda hacer de mi felicidad un nuevo poema. Ver mi sonrisa con cara de verano mientras a ti te explota el invierno en medio del pecho.

Porque mientras respires miedo, siempre vas a tener inviernos en tu alma abatida a pedazos.

Rota.

Fracasada.

Herida.

Muerta.

Entonces quiero gritarte que nunca vas a perdonarte tu cobardía.

La bandera que te nombra, que te escuda y te protege.

Porque es mentira que no puedas.

No quieres sanar.

No te importa evolucionar.

Tu bandera es el miedo.

El terror.

Y la huida como un descanso.

No vas a perdonarte no haber podido.

No haber querido poder.

Y yo lo voy a sentir mucho.

Un montón.

Porque conozco tu mirada vacía.

Dormida.

Ausente.

Perdida.

Cuando eso suceda, yo ya no estaré ahí para enseñarte el camino de regreso.

Porque ya será tarde.

Llegarás tarde.

Muy tarde.

A destiempo.

Mendigando.

Arrepentido.

Con el amor intacto y mi desamor como respuesta.

Que te dice que no.

Que ya no te quiero.

Que has llegado tarde.

Muy tarde.

51

Después

Entré en tu cuarto. Estabas en otra cosa, como siempre.

Repetí mi rutina con la esperanza de que algo cambiara en esa secuencia.

Te abracé de la forma que siempre te abrazo: desplomándome encima de tu cuerpo. Hace unos meses descubrí que es una manera de entregarte el peso de todas mis angustias sin tener que nombrarlas.

Eres mi hijo. Se supone que tengo que protegerte de esas cosas. Las madres somos dadoras de herramientas para la construcción de la autoestima. Siempre pienso antes de contarte lo que me pasa. Entonces escucho las indicaciones persistentes de mi moral y me callo la boca.

Siempre fui bastante sumisa para reaccionar frente a las injusticias de la vida. Es una característica mía ya comprobada. Tengo antecedentes de haber pasado un montón de cosas que merecían que me plantara de forma más primitiva, y no lo hice. Nunca me dio miedo afrontar las cosas. Nunca le tuve temor a nadie. No se trata de eso. No era reaccionaria, y perdón por la superficialidad de mi explicación: era por sedentaria.

Tengo sedentarismo emocional.

Ponerme a gritar, sostener una idea con tenacidad, mantenerme firme, cuestionar valores ajenos, juzgar comportamientos que no me pertenecen me da mucha pereza. Me consume energía que no me suele sobrar, así que retirarme es la carta que aprendí a jugar. El silencio es lo único que me sostiene. Y créeme, hijo, a pesar de que muchos lo perciben como símbolo de debilidad, yo he visto cómo una palabra no dicha es capaz de romper el asfalto y unas cuantas paredes.

Si algo no me gusta, me voy. En eso soy una luchadora fracasada. Cuelgo los guantes antes de empezar y saco la bandera blanca dentro de mi cuarto.

No necesito que me vean. La paz se respira, no se demuestra.

Y a mí me agobia tener que demostrar cuán empoderada me siento. Me parece un espectáculo que prefiero no hacer.

En cambio, contigo, mi amor, todo es diferente. Si alguien fuera capaz de tocarte el alma sin tu consentimiento, lo tengo claro: yo disparo. No me detendría ni un solo segundo en preguntar qué ha pasado: yo disparo.

Entonces en medio de ese abrazo de palabras contenidas, sé que lo que me limita es mi propia existencia. Porque si ese alguien que te hiere fuese yo, disparo igual. No tengo reparos. No llevo coronita.

Pero no puedo darme esos lujos.

Yo tengo que cobijarte, mi vida.

Me toca cuidarte, mi amor.

Mientras me separo de tu abrazo, me haces la misma pregunta de siempre, para no romper con el ritual.

—¿Qué te pasa, mamá?

—Nada, ¿por?

—No sé, ¿estás llorando otra vez?

—No, nene, siempre que te abrazo piensas que estoy llorando. Te quiero. Es eso.

—Ah, OK —me responde tu niñez—. Yo también te quiero.

Respiro, mientras estiro los brazos. Arqueo la espalda y vuelvo a mirarte mientras tú no me miras.

Te busco los ojos. El nudo en la garganta empieza a apretar.

—Te quiero —te repito. Pero ya no me contestas.

Bajo las escaleras suspirando. Me tomo un mate, y me trago las lágrimas que por fin dejo que salgan.

Tu consentimiento, mi amor.

Necesito tu consentimiento.

Que me digas que sí.

Que lo haga.

Que me vaya.

Que vuele alto.

Que cumpla mis sueños.

Que me vas a entender.

Que no me sienta culpable.

Que sea feliz.

Que me empujes a saltar.

Que me llenes de la confianza que me falta.

Que me hagas saber que, si yo estoy bien, tú también lo estarás.

Alas.

Te estoy pidiendo alas. Rogando alas. Mendigando alas.

Y me mantengo muda. Estoicamente muda.

Acá el hijo eres tú.

Agradezco mi rapto de cordura que siempre me llega a alcanzar antes de tiempo. Antes de arruinarlo todo. Entonces me muerdo los labios, incendio mis deseos y regalo la libertad que necesito a quien la pueda usar.

No es mi caso. Yo no puedo. Tengo que aceptarlo.

No

Puedo.

Mientras enciendo el ordenador, me repito como una loca, en voz bien alta, que acá es donde me tengo que quedar. Escribo muy rápido, con una furia resignada, y en ese mismo instante vuelvo a explotar la burbuja de la vida que no va a suceder.

Acá, Lorena. Acá.

No digo que nunca. Digo que quizá sea más adelante. Digo que después de empujarte a florecer. Cuando ya hayas crecido lo suficiente como para aprender a disparar tú solito. Cuando vea tus logros. Cuando me necesites al pie de tus fracasos. Cuando no sepas qué hacer cuando te dejen. Ni tampoco qué decir para poder dejar a alguien.

Pero no ahora: después.

Me falta, hijito. Todavía me falta.

Y no me puedo ir antes de que eso pase.

De verte crecer. De verte volar. De verte convertirte en hombre.

De verte… mi amor…

De verte.

Como en su momento se quedaron mamá y papá cuando la hija era yo.

52

Eres orilla

Debería haberte avisado de que no soy de las que se quedan en la orilla por mucho tiempo: me resulta un paisaje hermoso pero muy mezquino.

Me gusta jugar con la arena con cara de barro, enterrar mis dedos, construir castillos, hacer pozos con poca vida, ver cómo el agua es capaz de ensuciar y limpiar mis pies en el mismo instante, mirar el horizonte con el sol alumbrándome la cara, reflexionar. Claro que me gusta.

Pero me queda chico.

Pasado un rato, empiezo a sentir ansiedad. Algo me inquieta. Eso que notas cuando te quedas más de la cuenta en la puerta de una fiesta, conversando con los invitados.

Ninguna antesala puede durar mucho tiempo.

Es solo un rato. Como cuando te pones a jugar en la chimenea, prendiendo ramitas, moviendo el fuego, acomodando la leña, musiquita que acompaña el ritual, un vaso de vino… Pero después de unos minutos: fuego.

Lo que quieres ver es el fuego.

Sentir el fuego. Oler el fuego. Cegarte con el fuego. Vivir el fuego.

Que te incendie la calma: revolución interior.

Con el mar me pasa igual.

Me encanta la orilla, pero solo como un preámbulo. Nadie siente el golpe de las olas mirando el mar. Es hermoso. Ya lo sé. Pero yo quiero entrar.

Sentir cómo me lleva puesta. Tirarme. Caerme y volverme a poner de pie.

Entrega. Quiero entrega.

Que me quede el gusto a sal en la boca.

Que me ardan los labios. Sacarme la arena de la cara. Limpiarme los ojos.

Sentir el mar. Tocar el mar. Romperme y armarme en el mar.

Y eso en la orilla no te pasa. Nada conmovedor te pasa en las orillas.

No me bastan las orillas.

Y tú eres orilla.

Orilla que me moja los piececitos como a un bebé que está empezando a caminar. Una emoción que todos aplauden con mucha felicidad. Hermoso paisaje. Pero yo ya camino hace rato.

Corro.

Vuelo.

Me late el corazón en todo el cuerpo.

Déjame entrar.

Aprender

Fuiste la forma más triste de aprender que quien aparece en tu vida para despertarte no tiene por qué quedarse y dormir a tu lado.

Soy

Soy nocturna.

De esas que se quedan mirando el cielo pensando dónde estarán las estrellas. No concibo la felicidad sin tristeza porque muchas veces no me pasa nada. Simplemente soy así.

La melancolía forma parte de mis besos y de la manera en que circulan mis pensamientos. No me libro de ello. A veces siento que es el modo en que habito este cuerpo.

Triste.

Soy triste. Y me cuesta hacer entender que la tristeza es una emoción en la que puedo acostarme a descansar un buen rato sin sentir presión ni exigencia. Yo no vivo ahí. Solo me acuesto durante un momento y después continúo el viaje.

La felicidad para mí se parece bastante a un pico de ansiedad. Ese es el registro que tengo: tan solo un pico.

Un orgasmo.

Entonces, como conozco la duración de esa excitación, le tengo respeto. Cuando me toca, me quedo calladita y doy un grito flojo.

Conozco la soledad que viene después de esa euforia. Entonces trato de regularla. Más, a veces, es menos.

Estoy tratando de revertir esta manera de experimentar las cosas placenteras porque es una gran metedura de pata protegerme de las pasiones. El día que me tocan sonrío, disfruto un poco, doy gracias a la vida y después me retiro.

Soy una dejadora compulsiva.

Lo rompo todo. Antes de que todo me pueda romper a mí.

Saco agua de las piedras y embarro todo lo que toco.

Lloro a propósito. Necesito conectarme con la emoción para dejarla salir. Si no respira se pudre. Y no me quiero morir con la garganta atorada.

No me enojo nunca, acumulo. Soy una acumuladora en serie de eventos desafortunados. Entonces, cuando me habilito, exploto.

Enloquezco y digo barbaridades que duran un rato. El problema es que ese rato, para el otro, dura para siempre.

Arruiné muchas cosas por desear estar donde no estoy y por quedarme donde nunca elegí estar.

Tuve malas compañías.

Amigas que no me cuidaron.

Y otras que me sobreprotegieron y satisficieron caprichos infantiles de manera irresponsable.

Pero tan divertidos…

No me importan las cosas que importan. El amor entra en mí por rendijas inexplicables. No tengo un mapa. Me atraviesa la vida. No la elijo. Me la llevo puesta.

Mis amigas son lo mejor que he elegido en mi vida. No quiero generar competencia, pero son las mejores.

Disfrutan de mi felicidad mucho más que yo, del mismo modo que respetan mi soledad en cada duelo que golpea a mi puerta.

No me gusta la gente que busca mi afecto haciendo méritos. El cariño no es meritocracia. Te pasa. No importa lo que hagas.

Me encanta sostener esta teoría. Es algo que entiendo a la perfección a la hora de recitarlo, pero yo me esmero igual.

Hago malabares para que no dudes de mi afecto. Si te quiero, quiero que se note. Y sé que se nota. En esto soy bastante patológica. Porque mucho de lo que doy es el alpiste para que te quedes.

No soy altruista. Eso se llama manipulación.

No hay forma de matar mis sueños.

A veces creo que son los únicos fantasmas que no me dejan vivir en paz. Resultan torturantes. Una alarma que se enciende y me deja preocupada: que cómo, que cuándo, que dónde y con quién.

No me dejan en paz. Son un recordatorio permanente.

Un pensamiento obsesivo en medio de la noche. Durante el día. En mitad de cualquier evento.

Cansan, pero son efectivas. Entonces dejo que me habiten.

Y así siento hasta el olor de la casa que me espera. Conozco la risa de ese pibe roto que vuelve a pronunciar la frase «mi amor» alguna vez y me imagino cuidando lo que amo, ahora que después de perderlo aprendí a hacerlo.

No soy celosa. Y a veces miento, como ahora.

Mis hijos, la razón por la que me quedo.

Mis papás, mi cuenta pendiente.

Mis amigas, mi lugar de retirada.

Y tú... la duda a punto de sacarme.

No me importa si no funciona.

A veces pienso que eso es todo lo que estoy esperando para poder seguir.

Mi rumbo

La mejor manera de recuperar mi rumbo fue dejar de esperar que tú decidas el tuyo.
Y qué libertad, joder.
Qué libertad.

Todo eso que nos queda

Desaparecí. Como en todas las ocasiones en que dejé de ir sin avisar cada vez que sentí que las palabras iban perdiendo vida.

Ni siquiera me molesté en avisarte: si hay alguien que conoce la manera en que me rindo ante el mundo, ese eres tú.

Yo también soy psicóloga. Conozco la cocina junto contigo. Vivo a diario la frustración que se siente en la panza cuando ves cómo tu paciente se estanca y se hunde en el asfalto con zapatos de plomo. Y se resiste. Se encapricha. Se niega.

Pone muros a cada bocanada de aire que, con la mejor intención, le quieres prestar.

Pandilla de ingratos que no reconocen el esfuerzo profesional de quien tienen al lado acompañando sus procesos personales más complicados.

Reconozco perfectamente esa fuerza que uno saca desde las vísceras, pretendiendo inflar un cuerpo que se deshace cuando le cambian el nombre al sentido de las cosas. Sin embargo, ahí estaba yo. En ese hueco: entre la ingratitud y el vacío.

Desolada.

Agotada.

Convencida de que no había ningún motivo para seguir adelante. Convencida de que, así como estaba, frenada, aplastada sobre una cama, a oscuras, así era la única manera en que podía encontrar la paz sin atender las exigencias de nadie.

Porque ese es mi truco: entregarme al sueño durante horas y horas. Dormir todo lo que sea posible, y más. No para descansar: no. Tiene que ver con los otros. Si tengo una certeza en esos momentos de oscuridad del alma, es la de que no tengo por qué aguantar a nadie. No soporto a nadie, y nadie puede obligarme a hacerlo.

De repente tus seres queridos son tus enemigos. Te amenazan si ven que no te recuperas de forma inmediata. Te preguntan cuánto tiempo vas a dignarte a estar así. Te reprochan que tienes hijos, que eres responsable de ellos. También que pienses en la salud de tus padres. En tus amigos de toda la vida. Te sueltan el listado infinito de las cosas que has logrado; te dicen que no se entiende cómo es que no puedes disfrutar de lo que conseguiste.

«Con todo lo que te costó», no entienden qué más quieres.

Si supieran que el problema es justamente ese, dejarían de decir estupideces.

Uno termina pensando que la angustia es un acto de lujuria. El permitido de la semana. Entonces se esconde para que nadie lo acuse. Comienzan a rastrearte, y cuando te descubren, empiezan a largar una serie de protocolos morales y éticos que solo de escucharlos te ponen peor. No es que quieran ir a tu casa, acostarse a tu lado, cerrar la boca, acariciarte la espalda y dejarte ser quien puedas ser en ese momento.

Tus seres queridos, convertidos en tus peores enemigos, te quieren desterrar de tu casa y te prometen con total convicción que trasladarte a otro domicilio te va a hacer sentir mucho mejor. Juran que cambiarte de ropa, darte una ducha sanadora y bien fría es parte de la solución. Distraerse siempre tuvo buena fama. Pero a mí la fama siempre me ha importado un pimiento.

Entonces apago el teléfono porque no tengo intenciones

de cambiarle el pensamiento sectario a nadie. Solo vuelvo a encenderlo por la noche, por si algo les pasa a mamá, a los niños o a algún huérfano afectivo que se encuentre perdido, a la deriva. Si hay algo que he aprendido es que ayudar a otros te hace sentir mejor siempre.

Y justo en ese intervalo me llamaste. Vi el número desconocido en la pantalla y sonreí mientras me abrazaba a la muñeca de trapo que duerme a mi lado.

No te quise atender. Necesitaba permanecer en ese abrazo bañado en el perfume de papá, con alguien que no hablara. Y la muñeca era un trapo y mi papá estaba muerto. Esa noche me había abandonado.

«Hola, mi Lore querida. Soy Hernán. ¿Cómo anda mi amiga más linda? Bueno… intento llamarte más tarde, así hablamos un poquito y me cuentas cómo estás. Cualquier cosa, me llamas a casa a la hora que sea. No seas tonta, sabes que puedes hacerlo. ¡Un beso grande!».

Eres lo menos ortodoxo del universo de los psicólogos. Esa manada que profesa el distanciamiento social entre dos seres humanos, donde uno sufre y el otro cobra. Unos visionarios.

Fíjate que hoy están implementando ese método de restricción para evitar la propagación de un virus. Imagina qué espíritu tan humanitario los impulsa que ya tenían incorporados los hábitos sanitarios que hoy son aplicables a una pandemia mundial.

Los detesto. Y por supuesto que tú también. Solemos reírnos en tu consulta, aunque con un poco de temor a que nos estén escuchando las paredes.

Hemos sentido la misma vergüenza ajena de formar parte de una comunidad tan rara.

De acciones tan rebuscadas.

«Es tan ridículo, Lorena, que no tiene solución», me decías cada vez que yo me preocupaba.

Esos que cuando suben contigo en el ascensor te dan la espalda a propósito. Se trata de una interpretación que algunos académicos han hecho de ciertas teorías psicoanalíticas intentando indagar por medio de ese mecanismo de indiferencia afectiva qué te duele más.

¿Cuál será la causa de tu depresión? ¿Estará en tu infancia? ¿En tus relaciones laborales? ¿En tu dependencia afectiva?

Vaya uno a saber. Todo un misterio que intentan desvelar en cada mirada que te clavan.

Pero tú no. Tú eres la antítesis de todo lo que se supone que deberías ser.

Y en eso se resumen todas las razones por las cuales te elegí: no por subversivo, sino por humano.

Doce de la noche.

Cuando el mundo está guardado es cuando me siento a salvo y decido salir del cajón. Pero esta vez solamente para coger el portátil y volver a meterme debajo de las sábanas.

Recuerdo el impulso de la angustia que sentía que no dio tiempo siquiera para hacerle un breve saludo protocolario.

Realmente no me importaba nada, fue la muerte del ego. Había colgado la profesión de psicóloga, la vocación de escritora y también la máscara.

14 de febrero de 2020

Hola, Her... Estoy mal. Escondida, dirías tú. Ojalá tuviera un lugar en dónde... Esta vez siento que es distinto. No puedo conectar con la vida. No puedo.
Horacio está en coma y, otra vez, vi la miseria del mundo en un instante. Igual que con lo del chico Fernando y el

asesinato cruel que le tocó padecer. El mundo está
enfermo, Hernán. Y la gente sigue a pesar de todo.
Pero yo no puedo volver a la vida en estas condiciones.
No sé cómo hacerlo. No sé qué más leer. Dónde más
buscar. No puedo aceptar la situación. No le perdono
a la gente estas cosas. No sé cómo huir. Ayúdame… No
me voy a suicidar… no es eso. El problema es no saber
hacia dónde ir, Her. No saber.
Perdóname por faltar. Ya no me acuerdo de cuándo fue. ¿El 5?
Te quiero y sé que te esfuerzas conmigo. Te elijo. Pero no
me basta, me falto yo.
Dime dónde hay paz y voy. Te juro que voy. Siento que
desperté un día y todo fue peor.

Lorena

Respiré hondo. Me preparé un café y mientras buscaba
el edulcorante oí que tenía un nuevo correo en el ordenador.
Eras tú.

14 de febrero de 2020

Lore, mi querida Lore.
¿Dónde hay paz? ¿Qué es la paz? Dímelo y voy, ¿hay que
ir?, ¿o hay que dejar que venga hasta uno? La verdad, no
lo sé. En todo caso, no sé si quiero paz, o si en realidad
quiero este sube y baja de dolores y placeres, de tristezas
y alegrías.
Y sí, yo también te quiero y mucho, y también te elijo y te
seguiré eligiendo. Pero no basta, cómo va a bastar, si ese
no es el objeto, no es para que baste, es más bien para
que falte, para que haya más, es como una invitación.
Como dice la canción: «Queda todo lo que falta»…

La única condición es que no faltes, que no faltemos, que estemos: ¿Cómo? Como se pueda, torpemente, enojado, triste, ausente y con defectos.

Así que si vas a huir, ten claro que no estás huyendo, solo estás corriendo. Lore, a estas alturas tú no escapas, mueres y vuelves a nacer. No, no te vas a suicidar, ¿para qué?, si no hace falta. Ya moriste, ahora hay que volver a nacer. ¿Cómo? Como un recién nacido: llegando al mundo como lo hace un bebé, sin entender nada, pero dispuesto a aprender, a crecer y a estar.

Te espero. A veces es mejor, otras peor, pero siempre estás invitada.

Un beso enorme, Hernán.

PD1: Qué contento me pone haber abierto los mails, diría que en el momento justo.

PD2: La canción es «Todo eso que nos queda» de los Pérez García, por si no la conoces (para seguir «leyendo»). ¡Qué tonto tu psicólogo amigo!

Terminé de leer y lo primero que hice, además de congratularme por tener en mi vida a una persona así, fue, lógicamente, poner la canción que me sugirió.

El volumen al máximo. Me solté el pelo y me puse a bailar como una loca.

Una verdadera loca. No podía creer lo que estaba escuchando. No era la primera vez que oía esa canción. Claro que no. Pero sí fue la primera de muchas veces que volvería a escucharla.

Mientras bailaba, no lloré. Sonreí. El corazón estaba volviendo a latir. La reproduje más de diez veces, y cuando ya la respiración me pedía un descanso, me senté otra vez y escribí este texto que alguna vez compartí:

Que sepas que cada vez que te escondes del mundo no estás huyendo. Estás corriendo. Hay gente que ya no puede huir. La huida le fue cerrada.

No se puede.

A quien alguna vez murió, de alguna manera, le toca volver a nacer. Así. Como un bebé que acaba de llegar al mundo. Sin entender nada.

Con todo el potencial para aprender.

Para mirar.

Para descubrir.

Sí, claro que hay miedos. Inseguridades. Dudas. Pero hay motivos para quedarse.

¿Si hay que ir a buscar la paz?

¿Si hay que dejar que venga la paz hacia nosotros?

No lo sé.

No sé cómo es.

Solo sé que cuando todo pierde sentido uno tiene que seguir por todo eso que todavía le falta.

Es como una invitación.

La vida es una invitación.

La única condición es que no faltes tú.

Que te hagas presente.

Que estemos presentes.

Falta mucho todavía.

¿Y cómo se hace cuando nos duele?

¿Cuándo todo se tiñe de negro otra vez?

Estaremos torcidos. Rotos. Ausentes. Con fallas. Errantes.

Lo que sea.

Pero tienes que estar.

No por lo que fue.

Sino por todo eso que todavía te falta.

No sé tú. Pero a mí todavía me falta un montón.

57

Esa es mi jaula

Me cuesta mucho contarte quién soy. No le encuentro el beneficio a que accedas a todos los sueños rotos que guardo debajo de la almohada.

Intenté hacerlo varias veces, en medio de conversaciones cotidianas, pero cuando advertía que no te dabas cuenta del peso de mis palabras, me reía.

Reírme siempre fue una manera de dar marcha atrás a algo que se me estaba yendo de las manos.

Es el desmentido de la tristeza que acababa de pronunciar y no supiste valorar.

¿Cómo alguien es incapaz de percibir el regalo que otro tiende en sus manos cuando le entrega el nombre de sus heridas?

Me río.

Es mi forma primitiva de arrepentirme.

De huir.

De pedirte que me devuelvas lo que es mío.

Dámelo.

No te mereces nada.

Todas las caras que aparecen en mi vida se confunden, no logro separarlas de la cara de papá.

Así es difícil que algo prospere.

Siempre voy a destrozar todo lo que se pueda construir porque tengo miedo de que tú también te vayas, como se fue él.

Tengo miedo de ser feliz y después ver la otra cara de la moneda, otra vez.

No me animo a disfrutar: esa es mi jaula.

Por tanto, voy a inventar miles de enojos.

Voy a ayudarte solo para estar tranquila y después decirte adiós.

Cada despedida parecerá un velatorio, porque lo que siento en ese momento es el peso de otra pérdida.

Y cada vez que pienses que estoy exagerando, te daré la llave de la razón de antemano. No voy a discutir. Siempre voy a retirarme antes de dejarme convencer.

Déjame llorar.

Deja que me vaya.

Desde que se fue estoy esperando que regrese en la forma que él quiera. No tengo pretensiones. Y las expectativas me hacen delirar.

Entonces cada vez que tú no respondas como habría respondido él.

Que no me abraces en el momento en que lo habría hecho él.

Que no me digas lo que me habría dicho él.

Que no me cuides como lo habría hecho él.

Me voy a encargar de arruinarlo todo.

No me esforzaré por arreglarlo.

Me levantaré de la silla muy decepcionada.

Enojada.

Frustrada.

Y te echaré la culpa a ti.

A la vida.

A la mala suerte.

Y a todo lo que me sirva para meter en una bolsa de reproches inexistentes que quizá no puedas ni comprender.

Perdóname.

Yo siempre voy a romperlo todo solo para irme, por miedo a que no llegues.

No lo hago a propósito.

No tengo miedo de quererte.

Tengo miedo de volver a perder.

58

Te guardo como quiero

Con tu partida construí una cajita que se convirtió en un baúl. Ahí están todos mis tesoros, que cuido y protejo como un perro defiende a su cría.

Elijo lo que guardo porque hoy eres recuerdo, y en ese hueco nadie se mete.

Esa puerta es la que abro y cierro con total libertad. Me manejo impunemente.

No me interesa nada que oscurezca las vivencias que tengo. No me pueden contar lo que me diste.

Nadie puede. Nadie sabe.

Por suerte a nadie se le ocurrió intentar manchar tu nombre con tierra. Si así hubiera sido, te aseguro que no me habría puesto a ladrar.

Por ti muerdo.

Muerdo, papá.

No soy negadora. Te guardo como quiero.

Y quiero hacerlo como yo te tuve.

En esa cajita, que hoy son mis únicos ahorros, está todo mi oro.

Toda mi herencia sin precio que lo compre, porque el valor no se vende.

El valor es un milagro. Y solo lo conoce quien tuvo la suerte de que le tocara en suerte.

Y yo tengo lo que otros no poseen.

Tu olor.

Tu risa.

La manera en que jugabas conmigo. Las miradas que me cruzabas, que me daban pudor y me hacían sentir humillada, por ese amor que no era capaz de devolver.

Las anécdotas de la gente que te conoció y me busca para contarme.

Tu simpleza. Tu desapego de las cosas materiales.

El amor por todos tus hijos. Tu felicidad ante la mía. Los cuentos que me contaste.

El orgullo que demostrabas sentir por mí cuando peor me iba. Porque tú sabías que era cuando más lo necesitaba.

El sonido de tu voz antes de dormir.

Tu perfume.

Ese que hoy le pongo a mi muñeca de trapo para que me permita abrazarte.

Es ahí donde hoy cierro los ojos y acuno tu ausencia.

Y pienso.

Imagino.

Fantaseo.

Que existe un lugar donde puedo entregar mi dolor.

Y me preguntarías si estoy bien mientras te abrazo.

¿Estás bien, mi amor?

Y yo te diría que no.

No. No estoy bien.

Y te lo diría por egoísta.

Por dependiente.

Por infantil.

Por necesidad.

Por lo que sea… con tal de que no te vayas.

Y no me dejes.

Tan rápido.

Tan inoportuno.

Tan ajeno a ti…

Y si te digo que estoy triste, lo hago para retenerte.

Y así puedo olerte en otra parte.
Que no sea en mi propio cuerpo.
Ni tampoco como forma de recuerdo.
Cuando vuelva a cerrar la puerta de mi baúl.

59

Ecos

Qué pena demoledora al ver a esa gente que hace de la vida de los demás su proyecto de vida.

Opinan. No construyen.

Son sombras de árboles intentando florecer.

Ecos de voces que no les pertenecen.

Espejismos en medio de una ruta que ni siquiera transitaron alguna vez.

Nadie aprende nada por medio de una cabeza ajena.

De un cuerpo ajeno.

De una vivencia ajena.

Hay que romper las lupas y reemplazarlas por espejos.

Al principio cuesta mucho.

Pero no existe camino de autorrealización alimentándose de mundos externos.

Sin latir

Tenemos que dejar descansar nuestra historia enferma.
Muy enferma.
Ponerla en reposo durante un tiempo.
Acostarla.
Cerrar las persianas.
Dejarla dormir.
Dejar de tocar con las manos sucias y la lengua subida de tono el nido tan puro que alguna vez construimos.
Poner en remojo las heridas en un pozo de agua que no esté contaminada.
Darles el tiempo que necesiten para que puedan cicatrizar a su modo.
No volver a caminar por encima de los besos que nos dimos.
Cambiarle las sábanas a nuestra cama, manchadas de discusiones y de resentimiento.
Respirar aire y no gritos.
Bajar la guardia.
Dejar caer los brazos cansados de luchar.
Abrir las palmas de nuestras manos para que consuman otro paisaje.
Liberarnos del miedo de sospechar que nuestra cura sea la muerte de la palabra «nosotros».
Y de esta forma descubrimos que cada día que pasa en esta distancia es un día ganado y no uno perdido, y si en la

balanza pesan más las expectativas que los recuerdos, y si la cena empieza a tener mejor sabor solos que en nuestra propia compañía, entonces, mi amor, quizá podamos aceptar que el tiempo no es nuestro enemigo.

Ni la separación un arma de alto riesgo.

Ni tu ausencia la muerte de mi presencia.

Y quizá el perdernos sea la forma más generosa y triste de volver a encontrarnos a nosotros mismos.

No todas las historias son felices solo porque siguen.

Algunas siguen sin latir.

¿Sabes lo que significa eso, mi amor?

Miedo. Significa miedo.

No quisiera que ninguno de los dos acabase pudriéndose ahí.

61

La llave

Hay muchas formas de devolver la llave.

A ti te la devolví de forma literal.

No te necesito. No solo eso, ahora se me metió en la cabeza que no quiero que tú me necesites tampoco. Y mucho menos para escucharte pedirme, otra vez, esa maldita llave.

¿Pensabas que un pedazo de metal te daba el poder de humillarme?

¿Para sostenerme la mirada desde un par de pisos más arriba?

¿Para demostrarme que contabas con una ventaja que yo nunca iba a tener?

Por el amor de Dios.

Acá la tienes.

La llave que te devolví no solo es de la puerta de tu casa, es la llave que abría la palabra «nosotros» y se acaba de cerrar. Espero que entiendas la sutileza en la determinación de mis palabras.

Se terminó lo que estaba terminado hacía tiempo, pero ahora se ha acabado de verdad.

Estoy riéndome sola en mi casa.

Me iba a hacer un café pero mi cuerpo se empezó a mover solo. Parezco una loca, acá, bailando con la música de Gilda, con un moño, una minifalda que me ponía cuando tenía veinte años menos, haciendo palmas y moviendo la cintura. Si me vieras, sé que te reirías conmigo, pero ya no te queda ni esa posibilidad de satisfacción.

Ni el beneficio de escuchar mi risa. Nada. Ni del otro lado de la puerta te quiero ver.

Respiro libertad. La respiro. La exploto. La estoy tarareando con las ventanas abiertas.

No me importan los vecinos. Ellos disfrutan porque saben que por fin soy feliz.

Imposible explicarte lo que eso significa si no conoces la palabra «empatía». Pero me da igual. Porque lo único que me importa ahora es toda la felicidad que siento por haber tocado fondo y haber salido como una excavadora removiendo llaves y pasados.

No entro más en tu vida.

No entras más en la mía.

Imagino que se aproxima una fiesta interminable y el motivo se llama libertad.

Se está terminando la canción, y no me quiero perder el final.

Dicen que todos los finales son tristes.

Se ve que nunca han visto este.

62

Todavía no sé cómo se hace

Que sepas que cada vez que aparto el cuerpo por miedo a que lo lastimen dejo mi corazón como huella de mi latido.

A veces quiero arrancarme la esencia a mordiscos para evitar regalar parte de mi piel a dondequiera que voy, pero no puedo.

Está pegada: no sale.

Me dicen que debería ser al revés. Y ya lo sé. Conozco las teorías de todas las cosas con las que lucho. Pero no logro ganar la batalla.

Me molesta que me lo digan como si fuera estúpida.

Ignorante.

No se trata de eso.

Todavía no sé cómo se hace.

Entonces lo más probable es que no me veas más.

Que no vuelvas a saber de mí.

Que todo lo que alguna vez te di te lo quite.

Que en un instante transformes mi presencia cotidiana en un recuerdo esporádico.

Un simple espasmo de la memoria.

Porque eso soy cuando no puedo.

Cuando no encuentro la guía que me indique cómo se hace.

Cuando me está empezando a doler lo que un tiempo antes no me molestaba.

Una niña.

Una simple niña.

Y me escapo.

Rompo.

Huyo.

Me escondo.

Me voy.

Busco una forma secreta y tramposa para despedirme de ti.

Siempre me costó mostrar la cara por miedo a que puedas leerme la mirada y me digas algo a lo que yo no tenga fuerzas de refutar.

Entonces invento.

Te miento.

Y sigo con el ritual de mis despedidas.

No me vas a ver más. Es cierto.

Pero nunca vas a dejar de escucharme latir.

Y esa será tu pena.

Pero también el nombre nuevo de mi fracaso.

63

Despierta

Después de tanto ruido opto por el silencio.
Lo único que me permito escuchar es mi respiración.
Nadie tiene la culpa de los pasos que no doy.
Pido mis alas que entregué con la peor inocencia de todas.
Esa que un día me dijo que para volar alguien me tiene que empujar.
Me perdono y pido perdón por haber entregado mi vida en lo sucesivo a los demás.
A otro.
A ti.
Las alas vuelven a su lugar.
A mi cuerpo.
A casa.
Solo acá pueden desplegarse.
En cuanto las siento, mi respiración es otra.
Exhalo.
Abro los ojos cargados de agua.
Nadie tiene la culpa.
Nadie.
Hay cosas que no se regalan.
Las decisiones, por ejemplo.
El tiempo.
La energía.
El camino que elegimos.
El camino que descartamos.

Los pasos que damos.

Y los que no damos, también.

Al fin y al cabo, eso se llama vida.

Eso es la vida.

La pido de regreso sin pronunciar una palabra.

Vuelvo a mí.

Libre.

Pase lo que pase.

Cueste lo que cueste.

Asumiendo el riesgo del dolor causado por mis propias estupideces.

Pero vuelvo al lugar que me habita.

Donde yo construyo.

Donde también decido romper.

Sin culpas.

Solo despierta.

Más despierta.

Más despierta.

Y libre.

Muy libre.

Toda libre.

64

Que desaparezcas

Las mariposas en la panza se hicieron nudo en la garganta y me cuesta vivir un día sin tragar un montón de ansiedad.

No quiero contarte lo que me pasa porque eso sería darle una entidad y quiero que desaparezca. Esto que siento quiero que se me pase. Y en eso estoy trabajando.

No me atosigues con preguntas si ves que te esquivo la mirada.

No alimentes algo que no se puede sostener.

Necesito que desaparezcas.

Dormir y volver a despertarme muchas veces. ¡Quién no sabe de la calma que se siente cuando se le gana un día a la guerra del olvido!

Un día más es una batalla ganada.

Y eso es lo que quiero. Eso es lo que busco. Eso necesito.

Que todo esto sea olvido.

Que no me quede mucho tiempo en la memoria.

Mucho menos en la piel.

Diste en el blanco un par de veces, así que este juego se está poniendo peligroso.

No te voy a contar lo que me pasa y mucho menos lo que siento.

Si tengo que desatar el nudo, no será con la misma persona que lo provocó.

Olvido. Todo esto va camino del olvido.

Que quedes hecho un musgo entre el asiento y la ventanilla de este tren que estoy habitando mientras miro sin ver...

Verde. Pasado. Arrinconado.

Olvido.

Eso hace el olvido con la gente. Los vuelve musgos.

Por eso prefiero que no me escuches.

Que no me hables.

Que no me respondas.

Que no me entiendas.

Te lo pido por favor. No me llames más.

Todo eso sumaría mucho, y lo único que quieren mis heridas es que restes.

Y en eso estoy.

Tratando de restar.

65

En el sueño

He soñado contigo.

En realidad soñé conmigo, o con la parte de mí que no me animo a transgredir.

No es miedo, realmente no sé cómo llamarlo. Supongo que es la única posibilidad de que esa parte me incomode y, una vez ahí, ya no tenga cómo desaparecer.

En el sueño, te iba a buscar. Aparecía de una buena vez.

Rompía con todas tus dudas imponiendo mi presencia. Violentaba, disfrazada de romanticismo, la decisión de no querer volverme a ver.

Me preocupa mucho respetarte tanto y que, a cambio de eso, no me esté respetando a mí misma. Me preocupa mientras estoy despierta. En el único momento en que puedo resolverlo es cuando la barrera de la represión está endeble. Permeable. Y me deja atravesar mis deseos más honestos sin ser cuestionada por la moral de nadie. Sobre todo de la mía.

Los sueños hacen eso: se cagan en la moral. Son honestidad pura. El impulso no cuestionado. La verdad encima de la almohada.

Y ahí estaba yo, bajando del barco en medio del río que nos separa.

Rompiendo mi propia piel, saliendo como quien sale de una caja enorme y se presenta como el regalo de cumpleaños del homenajeado, pisando todas tus razones y excusas.

Tuve que dormirme para salir a respirar después de tanto encierro. Para darme cuenta de que me porto bien por tu conveniencia. Que el miedo de perderte muchas veces hace que deforme mis intenciones y las asesine para permanecer en un paréntesis incierto, pero permanecer al fin.

Todas las veces que uno no se anima a algo, en el fondo lo que tiene siempre es miedo de perder.

En esta historia, eso que no me animo a perder eres tú.

Un engaño de la mente.

Cómo voy a perder lo que no tengo. Sé perfectamente que nadie tiene nunca nada. Y yo también soy nadie. Y tú también eres nada.

Pero cuando te tengo en la cabeza, la única inteligencia que me funciona es la académica. Creo que destruyo el sentido común. Soy una pobre víctima de todos los abandonos que me sucedieron alguna vez y que evidentemente nunca superé.

Eso hacen las historias irresueltas con nosotros: te atan al pasado, te cortan las alas, te convierten en bebitos prematuros, vulnerables a cualquier viento que sople un poco fuerte. No te dejan vivir.

Pero en ese sueño, viví.

Hice todo lo que en la vida cotidiana no me atrevo.

No me quería despertar. Son sueños de la suerte. Esos que cuando te tocan quieres volver a retomar al día siguiente. Al mes siguiente. Toda la vida.

Y yo quiero retomarlo ahí. Donde me portaba mal contigo y muy bien conmigo.

Donde te faltaba al respeto y me lo devolvía a mí misma.

Donde escuchaba mi deseo y no el tuyo.

Donde rompía sin poder evitarlo la armadura de mi corazón intelectualizado.

Quiero retomarlo.

Pero sé perfectamente que, una vez que despiertas, ese mismo sueño ya no regresa nunca.

Y ahora que sé la felicidad que se siente, necesito atreverme.

Y en definitiva, si te pierdo cuando ponga el pie en tu casa voy a corroborar lo que ya sé.

Nunca nadie tiene nada.

Y yo también soy nadie.

Y tú también eres nada.

Tampoco es tan dramático el lado frustrante del final que pretendo.

Si eso llegara a suceder, volveré a mi casa de la misma manera que me fui.

Sin ti.

Pero con una carta nueva que permanecerá guardada para siempre en el centro de mi autoestima: haberme animado a vivir.

66

Mi voz interior

Hace tan solo unos días tomé una decisión muy importante para mí.

Me propuse pegar un salto un poco más alto. O más ancho, no lo sé. Lo importante y lo urgente era demostrarme a mí misma, y a todos los demás (esto lo supe después), que era capaz de tomarla.

Juntar la valentía que no tengo, dejar mis vulnerabilidades de lado, morder la esencia que me define, pisar mis propios valores, negociar con mi intuición y separar lo afectivo de la razón.

Tardé bastante, por cierto. No es fácil luchar contra una misma cuando se percibe que el resto del universo piensa en la dirección opuesta a la nuestra. Uno pierde el sentido. Se marea. Deja acceder a nuestro mundo interior a los otros, que con todo el amor del mundo no saben que ese espacio es sagrado.

Pero ellos no tienen por qué conocer ese límite. Esa norma. Somos nosotros quienes tenemos que defenderla con uñas y dientes. Nosotros. Porque ellos no saben lo que pasa en el interior de uno. En el mejor de los casos, quizá lo perciben, lo intuyen. Pero no saben, opinan desde su propio mundo interior. Donde las normas, las reglas de convivencia son otras. Tienen otros legados, otros mandatos, otras experiencias, otras heridas, otras victorias: otra vida vivida.

Somos nosotros los que conocemos cómo sentimos

mientras sentimos. Y desprenderse de eso es cambiar de cuerpo y de alma durante un rato. De piel.

Es inevitable, a fin de cuentas, que nos cause dolor.

Pude hacer todo eso que me exigían, de la mano de varios consejos que escuché.

Todos se alineaban con la misma idea central. La que decía que yo estaba equivocada, que tenía que abrir los ojos, despertar y avanzar.

Que no me daba cuenta, que ya tenía bastantes muestras de mis falsas conclusiones, que mi forma de ser atentaba contra mi evolución personal y mi felicidad.

Fui seleccionando los mensajes de la gente que repetía lo mismo, para poder estar más segura de que ellos tenían razón.

Armé un castillo enorme con las mismas ideas repetidas, puestas en voces distintas pero todas iguales.

La misma mirada en distintos ojos hizo que perdiera el foco sobre la mía.

Y un día en medio de tanto griterío, tanto ruido, tanta presión: ellos tuvieron razón.

El peso de tantas voces diciendo exactamente lo mismo me reventó los tímpanos por un momento y me quedé sorda.

Sorda de mí.

Sorda de mi voz interior.

En ese estado, uno pone su vida en duda, y la regala.

La rifa.

La entrega.

Confía más en el sentir de los demás que en el propio. Es ahí cuando se apaga. Se duerme y empieza a ver la realidad con ojos prestados.

Realmente ve lo que le dijeron que tenía que ver.

Alucina con fantasmas donde primero veía flores.

Cuestiona lo que antes fluía como un río bello y pacífico.

El mundo en el cual vivía tranquilo hasta hace un rato se vuelve miserable.

Se siente engañado. Estafado por el enemigo que hace un momento era uno de sus seres queridos.

La realidad se da la vuelta, y todo lo que uno fue construyendo queda demolido bajo el peso de pensamientos e ideas ajenos. Ajenos, pero de gente que nos ama. Y esa es la gran confusión.

Creer que por amarnos deben tener razón.

Fue en ese momento cuando tomé la decisión de pegar el salto. Agarré el teléfono e hice lo que tenía que hacer.

Sí, claro… y esta es la parte más triste: lo que otros me dijeron que tenía que hacer.

Eso que penetra en nosotros cuando estamos vulnerables, débiles, sin la fuerza necesaria para dar nuestro consentimiento.

Un día uno se encuentra con más gente dentro que fuera.

La cuestión es que ahí estaba yo, tomando decisiones con varas de medir que no eran mías.

Confiando tanto pero tanto en los demás que lo primero que perdí fue la confianza en mí misma.

¿Y qué pasó? ¿Qué fue lo que pasó después de haber roto la cadena de repeticiones de mi vida?

Me sentí mucho peor.

¿Por qué? Simple. Muy simple. Porque no era yo.

Porque esa que levantó el teléfono, que se sentó enfrente de quien quería y le dijo cosas que tenía que decir para fundamentar la decisión no era yo.

Cuando una elige hablar con las palabras de otros, comportarse según los sentires de otros, se equivoca. Siempre se equivoca. Y el latido se lo hace saber.

Angustia, ansiedad, enojo, arrepentimiento, bronca, miedo, inquietud, tristeza nos invaden. El cuerpo se transforma. Nos cuenta que algo nos está pasando.

Hace cosas que no le son propias, porque esa decisión no es nuestra.

No sirve. Por favor. No sirve.

Hacer lo que los otros definen que es lo mejor para nosotros, aunque objetivamente fuera lo mejor, no solo no te empodera sino que puede hacer todo lo contrario: te destruye. Porque estamos corrompiendo nuestra parte más pura. Más nítida. Más verdadera.

Nuestro propio nombre.

Respirar. Apagar esas voces que no son nuestras. Que no nos pertenecen.

Confiar en nuestra intuición. En nuestro latido. En nuestra esencia. Porque todo lo que no sale de ahí simplemente no nos pertenece.

Es gente que habita en nuestro interior. Huéspedes a quienes por un rato les dimos el lugar de anfitriones. Eso fue lo que pasó. Hablaron ellos. Decidieron ellos. Caminaron ellos. Levantaron ese teléfono ellos. Miramos con los ojos de ellos. Evaluamos con la certeza de ellos. Pero lo que no pudimos hacer fue sentir como sintieron ellos.

Y eso nos va a pasar siempre que no seamos genuinos con nuestra esencia.

No podemos desprendernos de nuestra historia. No tenemos por qué hacerlo si sentimos que esto nos identifica.

Tenemos que respetar nuestra voz interior. Es la única que sabe cómo y dónde vibramos en armonía.

Desde fuera, el mundo se ve distinto.

Empoderarse tiene que ver con volver a escucharnos a nosotros mismos. Ese es el primer paso en el camino de reconstrucción de nuestra autoestima: devolverle el valor que alguna vez tuvo.

Se agradecen los consejos.

Se aprende de otras miradas.

Se evoluciona abriendo la mente. Pero cuando se trata

de sentir... el huésped deberá devolvernos la llave de nuestra casa y regresar a su habitación de invitados.

La única verdad la tiene nuestra voz interior. Y cuando uno decide desde ahí, no se puede equivocar jamás. Porque el único error es el que se comete cuando uno camina en contra de su propia esencia. Supone pisarse a sí mismo. Humillarse ante nuestro propio espejo. Consentir una violación a nuestra mente. Cuestionarnos nuestra pureza.

Algo muy parecido a la locura.

Y duele un montón.

67

Llórate todo

Me dices que quieres llorar porque esa es tu forma más infantil de anticiparme la necesidad de romperte todo de una buena vez.

Lloro, me repites. Y yo intuyo la vergüenza del adulto que eres hoy por sentir lo que sientes.

Entonces cortas la llamada, justo antes de que yo te diga que sí.

Que llores.

Que te duelas.

Que revientes todas las ventanas de tu barrio con el sonido de tu voz.

Que grites todos tus dolores hasta quedarte mudo.

Que vomites todos los nudos del estómago que te están dificultando la respiración.

Llora.

Todo llóralo.

Llórate a ti mismo.

Pero no como llora un bebé. Llora como un adulto que sabe llorar.

Patalea.

Explota lo que haga falta.

Salta por el aire.

Arrástrate por el suelo.

Que se destruya la angustia que no te deja avanzar.

Todo lo que sientas.

Todo lo que quieras.
Desaparece durante el tiempo que te haga falta.
Vuela.
Sé impune a tu dolor.
No te resistas.
No te mientas.
No flotes.
No pidas permiso ni perdón.
Llórate todo, mi amor.
Llórate encima.
Límpiate por dentro.
Púrgate.
Y después ni se te ocurra seguir en el mismo sendero.
Rompe la ruta.
Cambia la dirección.
Despiértate, mi amor.
Despiértate.
Pero no te vuelvas a dormir en el mismo lugar.
Cruza el camino.
Haz uno nuevo.
No te ates a ningún sendero: son todos jaulas disfrazadas.
No te quedes si te duele.
Aunque la verdad sea dura.
Porque más duro es respirar el aire de tu propia mentira.
Llórate todo.
Tu pasado, tu niñez y tu abandono.
Todas y cada una de las ausencias que te habitan.
Lloralas todas.
Los deseos frustrados y tus propios pasos errados.
La desavenencia de tus sueños que un día se volvieron imposibles.
El futuro muerto.
El presente equivocado.
Rompe asfaltos, pero después no los intentes pegar.

Déjalo todo así como está. También hay que aprender que hay cosas que no vale la pena arreglar: suelta.

Salta.

Cruza.

Múdate.

Márchate.

Ríe.

Ojalá entonces puedas romper con la dictadura del ego.

Si eso es lo que realmente quieres, llórate todo, pero después: te vas.

No me preguntes a dónde.

Porque adentro es el nombre de todas mis respuestas.

Adentro, corazón.

Regresa a ti.

68

Quiéreme

El amor que me profesas cada vez que lo acompañas de actitudes que lo ponen en duda se convierte en papelitos en el aire: se pierde.

Se vuela.

Se va.

Todas las palabras tienen fecha de vencimiento cuando las promesas se te pudren en la boca.

No hay tiempo que valga mi espera para que te vea actuar en función de lo que dices sentir.

Es al revés.

Al revés.

Creeré en ti solamente cuando te vea actuando la palabra que no hace falta pronunciar.

El amor no se promete. Se cumple.

Por eso yo quiero gestos.

Un gesto.

Adoro jugar con las letras sobre tu boca, intentando congeniar para encajar nuestros corazones, como las piezas de un rompecabezas.

Adoro el lenguaje y ponernos a charlar sobre la filosofía del cangrejo.

Lo haría durante horas. Días. Meses. Y todos los años que nos queden.

Miraría todas las noches el cielo a tu lado. Y me animaría a construir con los cimientos de lo que vayamos vibrando, una canción que nos identifique.

Lo haría todo.

Y quizá más que todo.

Pero solo cuando lo demás esté dado por sentado. Y cuando digo lo demás, me refiero a las bases que sostienen el amor que dices tener.

Los planes que quieres cumplir.

Los sueños que quieres soñar.

El futuro que quieres vivir.

La rutina que quieres quebrar.

No me interesa que tengas la osadía de abrirme el pecho. Leerme el alma y que quieras saber el nombre de mis heridas, si con todo eso vas a escribir un libro que no es el mío.

No te entregaría nada de lo que soy para serte útil en el camino de tu vida.

Yo quiero gestos.

A estas alturas de mi vida, solo creo en lo que veo.

En lo que huelo.

En lo que toco.

Y las palabras son hermosas.

Pero no se ven.

No se huelen.

No se tocan.

Solo se dicen.

Y decir, dice cualquiera.

No me digas que me quieres.

Quiéreme.

69

Sobre todo

Que sepas que, a pesar de todo lo que estás viendo en mí, lo estoy intentando.

No pido que te des cuenta.

Ni que lo entiendas.

Ni mucho menos que comprendas los tiempos que yo manejo.

Pero lo estoy intentando.

Con la cabeza.

Con el pecho.

Con las manos.

Con la clavícula.

Con los pies.

Con la piel.

Con la sangre.

Con las lágrimas.

Con las tripas.

Con los pensamientos.

Con mi sonrisa.

Con mis heridas abiertas.

Con mis miedos y mis temores.

Con mi pasado, mi presente quieto y mi futuro incierto.

Lo intento, te lo juro.

Con las dos manos.

Con los dedos.

Con la boca.

Con la lengua.

Con la respiración.

Y también cuando escribo. Y cuando siento terror de volver a hacerlo.

Cuando duermo y cuando me desvelo.

Cuando te llamo y cuando no te atiendo.

Cuando amo y me resisto.

Que sepas que ahí es cuando lo estoy intentando.

En todos los tiempos verbales.

En todas las estaciones del año.

En cada día. En cada semana. En cada mes.

Todos los años.

Yo lo intento. Créeme que lo estoy intentando.

En cada llanto.

En cada silencio.

En cada descanso que me tomo.

Cuando estoy y, sobre todo, cuando desaparezco: lo estoy intentando.

No pretendo que lo entiendas porque esta es mi lucha.

Solo quiero que lo sepas.

Para que no me digas nada.

Para que no me cuestiones.

Para que no plantes tu necesidad ni tu deseo por encima del mío.

Para que no me metas prisa.

Ni me convenzas.

Ni me juzgues.

Ni me demores.

Ni me pidas.

Ni me aconsejes.

Para que te quedes quieto.

Guardando silencio.

Con la boca cerrada.

Y no me presiones.

Sobre todo, cuando me veas huyendo.

Repitiendo.

No aprendiendo.

Fracasando.

Porque, aunque no lo sepas, es justo entonces que lo estoy intentando.

70

De mis alas

No quiero ser tu flor de un día.
Ni tu ave de paso.
Ni el atajo de la muerte de tu deseo.
Ni el recuerdo que sostuvo tus noches en vela.
Ni la droga que te arrancó de tu presente durante un rato.
Ni la mano que desata el nudo de tu cuello.
Ni la voz que te falta para decir lo que no sabes cómo se llama.
Ni prestarte mis pies para que camines tu rumbo.
Ni tu sombra.
Ni tu reparo.
Ni tu plato caliente.
Ni tu consuelo.
Nada quiero.
No quiero nada.
Conozco el vacío que se siente cuando mi intención de querer salvarte de tu mundo se frustra.

Una culpa que no podré depositarte nunca, porque nunca me pediste que lo hiciera.

Y cuando intente sacar la espada del arrepentimiento de mi pecho, además de tristeza, voy a sentir ardor. Porque cuando alguien no te quiere, a pesar de haberlo dado todo, arde.

Uno se siente poca cosa. Y lo único que pretende es magia para que las cosas vuelvan a ser como el primer día, cuando todo parecía posible.

Y entonces dibuja como un niño todas las posibilidades que no usó.

Como si se tratara de un juego de cartas, se lamenta de haber jugado mal la partida. Y pide volver atrás ahora que es imposible.

Un suplicio que quema en la cabeza.

Un goteo permanente.

Pero ya he aprendido que quien te ama no lo hace por lo que eres capaz de dar sino por todo aquello que eres capaz de ser. Y también, y sobre todo, a pesar de lo que tus heridas te impidan.

Y hace rato busco amor y no recompensa.

Porque cuando era más débil conocí los motivos que me llevaron a serlo.

Y ahora que los conozco, sé que esta que soy supera todo lo que puedo darte.

Me cuesta mostrar mis otoños, porque me da mucho pudor que estés ahí, para ver caer cada una de las hojas que cubren mis heridas. Pero también sé toda la luz que irradio en mis primaveras.

Me transformo en un sol hermoso.

Lleno de vida.

Pero no para darte.

No quiero cubrirte del frío con mi calor.

Quiero que seas feliz cuando me veas brillar.

No quiero salvarte.

No quiero que me salves.

Quiero que disfrutes al ver cómo puedo hacerlo yo sola.

Sin necesitar a nadie para que mi existencia tenga un sentido.

Y que sea de eso de lo que te enamores.

De mis alas.

De mis enormes alas.

Cuando puedan abrirse sin depender de las tuyas.

La repetición

Si le ves cara de perro, cola de perro, patas de perro: es un perro.

Aunque todo tu deseo insista en que es un gato, el destino lo hizo perro.

Basta con el poder del olfato para retirarse a tiempo.

Si ya has visto la película, no necesitas llegar hasta el final. Quítala.

Ya lo conoces. Solo tienes que recordar.

Siempre fuiste sol

Acabo de pasar por la esquina de tu casa. La evito desde que te fuiste. Pero hoy no he podido. No tuve opción.

Conozco cada uno de los sentimientos que se me implantan dentro del pecho cada vez que me voy acercando. Porque el tiempo del reloj no tiene nada que ver con el de mis latidos.

Para mí, siempre te fuiste ayer.

Y está tan fresca tu cara que cada vez que se me aparece de frente me acuerdo de todo.

Culpa.

Tristeza.

Angustia.

Soledad.

Te extraño. Y los días como hoy, cuando sale el sol, te extraño más todavía. Porque a ti nunca te veía lloviendo. Nadie conocía las vivencias de tus domingos solitarios. Cuando abrías la puerta, tu sonrisa tapaba el dolor.

Nunca te vi mal.

Nunca te escuché una queja por los dolores de tu cuerpo y de tu vida que evidentemente los comentabas entre bromas para no preocupar a nadie.

Y ahora miro atrás y los cabos que puedo atar prefiero seguir dejándolos sueltos para que no me duela no haberlo visto todo antes.

Entré en casa y me puse a ordenar.

Casi te llamo para que me eches una mano. En lo que sea. Con algo. Todo me daba igual.

Hoy sí tenía respuesta a todas las veces que me preguntabas qué necesitaba.

A ti.

Las manos que me ofrecías.

Tus preguntas.

Tu complicidad.

Tu manera rara de ser en este mundo.

A ti.

Extraño que me quieras como me querías. Y también extraño la inocencia de pensar que podía llamarte en otro momento.

El día luce hermoso.

Y yo te extraño en estos días. Porque cuando el cielo está celeste es cuando miro hacia arriba y te busco.

Nunca fuiste nube.

Siempre fuiste sol.

Y entonces miro. Suspiro. Miro hacia un lado y ya no tengo cómo tocarte.

Alguien que no conozco parece pronunciar tus palabras. Y me gusta. Pero me asusto.

Te extraño.

Y en los días tan hermosos como hoy, te extraño más que nunca.

73

Mi música

Una parte de mí comenzó a creer que no iba a ser capaz de cumplir mis sueños. No se trataba de inseguridad personal.

Se trataba de la dificultad para romper mis cadenas emocionales. Y cuando digo cadenas, me refiero a lo que estaba atado al otro lado de mi mano: a mis afectos.

Y cuando digo afectos, también digo todo lo que bordea mi nombre. El palacio que un día construí, sin saber lo que estaba construyendo.

Hoy lo rompería todo.

Mordería sin pensarlo un minuto aquello que me ata a una vida que no elijo.

Pero no puedo no pensar.

¿A quién voy a delegar la tarea de sanar las heridas que mi egoísmo va a provocar?

A nadie.

Absolutamente a nadie.

Además, delegar responsabilidades no es algo que me guste.

Ser libre sale carísimo. Y realmente a veces dudo de si podré afrontar los costes. Supondría endeudarme hasta el infinito.

Pero todos sabemos que este conflicto me pertenece a mí desde el día en que nació.

Quedarme quieta era la única posibilidad que veía en mi horizonte.

Pero también la única causa de mi angustia.

Entonces congelé mi felicidad como un acto heroico que supuse de justicia para todas las partes.

Sacrifiqué la vida que anhelaba para no destruir la de los demás.

Y eso duró muchos años.

Un montón.

Hasta que por suerte, o por mucho dolor, me di cuenta de que esa parálisis no solo no me acercaba a nada de lo que quería, sino que tampoco protegía a los que yo amaba de los rebotes de mi resentimiento.

Yo era la víctima de los pasos que no daba, mientras que ellos fueron el hueco donde depositaba los motivos de mi propia frustración.

Hasta que, un día, todo cambió.

¿Podemos darnos el permiso de vivir nuestra vida sin pisar el futuro a los demás?

Podemos.

¿Cómo se hace?

No tengo ni idea.

Solo sé cómo lo hice yo.

Recuerdo el día en que agarré el mapa de mi vida. Me llamó mucho la atención que casi todos los lugares que quería recorrer estaban vírgenes. Pero, sobre todo, me di cuenta de que sacar el tíquet para cada estación me iba a costar un ojo de la cara. Porque el camino implicaba dinamitar muchos de los recorridos que ya había hecho.

Si hago memoria de todo lo que mi niña interior, esa Lorena chiquita, quería ser cuando fuese adulta, el sentimiento lógico y esperable que hoy me atrapa se llama angustia. Porque nada de eso había sucedido.

A mí no me mató el miedo. A mí me mató el olvido.

Mi error fue olvidarme de lo que quise ser alguna vez. Y ahora que lo había recordado ya era tarde.

Tan simple como eso: llegué tarde.

Ahora, un par de décadas después, ya soy mayor para suponer que la hoja que tengo está en blanco. Hay cosas que para borrarlas uno tiene que haberlas escrito primero. Y lo escrito siempre se nota. No hay indeleble que haga milagros.

Entonces, sin la carta del tiempo a mi favor, estudié bien el territorio y elegí no batallar. No quería guerras. No estaba dispuesta a escuchar un solo disparo.

No me iba a combatir a mí misma.

Lejos de eso, tomé otra decisión: integrar.

Integrar supone algo menos idealista y, creo yo, mucho más efectivo: la idea de lo posible.

Entonces el concepto de incorporar algo nuevo para formar parte de lo que ya tenía transitado me dio un poco de paz. Una luz. Un nuevo despertar.

No puedo huir de mí misma, con todo lo que eso implica. Pero sí puedo unir mi pasado a una nueva idea de futuro.

En cuanto a los preceptos familiares y sociales, no puedo más que asumir que son parte constitutiva de nuestro inconsciente. Y con esto quiero decir que la libertad que uno supone que tiene no existe. Muchas de las cosas que solemos hacer están determinadas por voces que no son nuestras pero que habitan en nuestro interior.

No se las puede silenciar porque son mudas. Las reconocemos cuando las vemos actuando a través de nosotros, que no entendemos demasiado por qué hacemos lo que hacemos.

Un viento que no controlamos nos fuerza a hacer cosas que no hemos elegido.

No es una simple corriente: es un viento con la potencia de un huracán. Es imposible frenarlo a tiempo. Solo podemos prepararnos para el siguiente, una vez que ya vimos cómo trabaja.

Eso es lo que hice durante muchos años: conocerme.

A veces uno piensa que es tiempo perdido, pero tenemos que cambiar este concepto y entenderlo como tiempo invertido.

Algunas personas mueren sin llegar a saber quiénes son. Preguntándose qué pasó para que nunca vieran el rostro de la felicidad. Reprimiendo sus anhelos no por no poder cumplirlos, sino porque ni siquiera sabían cómo se llamaban. Eso sí es tiempo perdido. Pero nunca el dedicado al autoconocimiento.

Nunca.

La muerte de papá tuvo mucho que ver en esto.

Fue un tipo que me dejó de todo. De todo. Todo.

Tengo un menú infinito de platos para elegir.

Pero nunca conocí sus sueños. Nunca. Nunca supe qué fue lo que quería ser. Lo que quería tener. Cómo quería vivir. Cuáles fueron los anhelos que no pudo cumplir. Sus metas. Proyectos. Papá no hablaba de eso. Pero se le notaba en la cara y en esa mirada tierna y melancólica a la vez, cuando repetía todos los santos días de su vida que lo único importante para él era que yo fuera feliz.

«Por mí no te preocupes, muñeca. Lo importante es que tú seas feliz».

Sin embargo, siempre me quedo pensando si eso que para él era lo más importante no era, a su vez, la causa de esa tristeza que nunca se permitió mostrar. ¿Puede alguien, incluso un padre, incluso mi papá, que fue el mejor que existió sobre la Tierra, postergar su vida por la vida de otro? Si esto fue así, si él dejó su vida por la mía, ¿por qué su cara y su forma de ser en el mundo decían lo contrario?

Cómo me gustaría que pudieras volver solo para decirte que no. Que no se puede. Que te despiertes. Que mi felicidad también hubiera sido la tuya. Que no hay nada más triste para un hijo que ver a sus papás abandonados. Resignados. Sin motivaciones. Que es muy difícil aprender a ser feliz a modo de recompensa por el sacrificio que alguien tuvo que hacer para que valga literalmente su pena.

No, papá. No funciona así. Yo hubiera querido verte feliz.

Conocer tus sueños. Ver tus alas. Y también tus frustraciones y postergaciones para animarte a que las cumplas. Para decirte que yo iba a vivir mi vida, y créeme: lo habría hecho mucho mejor si tú me hubieras demostrado cuán intensamente estabas viviendo la tuya.

Así se aprende la felicidad, papá. Mirando. Viendo.

No es una indicación o una expresión de deseo, ni acaso un acto de la voluntad, ni consecuencia de las contingencias de la vida. No, papá.

La felicidad es algo que se contagia. Que uno mama. Que uno siente y huele en el otro. Es como la música. Se te pega, la sientes en el cuerpo, y cuando menos te lo esperas tus piernas ya se están moviendo solas.

Esa música, que no me hiciste escuchar de chiquita, es el único y honesto legado que quiero dejarles a mis hijos.

Quiero que me vean feliz.

Porque entiendo desde lo más profundo de mi corazón que esa sería mi manera de darles la mano y acompañarlos en su propio camino, sin que paguen las consecuencias por abandonar el mío.

Los quiero libres.

Me muero en vida si los veo repitiendo los patrones de la mediocridad salidos de mi boca para justificar todos los pasos que no di.

Los voy a dar.

Los tengo que dar.

Quiero que crezcan escuchando música. Que se contagien. Que vean que se puede. Que no hay que entrar en ningún sistema sin ser consciente de querer entrar, porque después salir implica un golpe tremendo que muchas veces no se puede revertir. Que elijan. Que deseen. Que tejan alas. Que se exploren.

Que no sigan las normas si ven que en las caras de quienes las dictan hay dolor. Odio. Fastidio y resentimiento.

Que se escuchen. Que se toquen cuando vibren en ese instante para poder hacer una foto interna del lugar donde les pasó. Y que ese sea el parámetro.

La vibración. La expansión de su corazón. Ese momento en que pidan implorando al cielo, como lo hice yo a mis quince años, dando mi primer beso: por favor, no, ni se les ocurra hacerme morir ahora que lo estoy pasando bien.

Hablé con ellos. Con cada uno de mis seres queridos y les puse mi música.

Mis hijos: en primera fila. Entusiasmados, dibujando con lápices de colores en mi mapa cómo y dónde quedaban mis sueños.

Escuchar en esas voces tan chiquitas consejos, ideas, inclusive palabras de aliento, fue darme cuenta de que ya estaban bailando conmigo.

La luz en sus caras encendió la mía.

El mismo tema les puse a mis amigas, a mis hermanos, a mi mamá, y también arrodillada mirando el cielo.

La gente que te quiere es la que te dice: «Hazlo, joder». Hazlo.

¿Es egoísmo?

Egoísmo es no permitirte ser feliz y hacerles tragar a los demás la pastilla de una culpa que no les pertenece.

La gente que te quiere es la gente como mi papá.

Esa que sabe decirte: no te preocupes por mí. Lo importante es que tú seas feliz.

Qué feliz hubiera sido, papaíto mío, si me hubiera despertado antes de murieras para pedirte que me mostraras cómo se hace. Cómo era tu danza.

Pero no quiero guerras. No quiero disparos.

No puedo cambiar las cosas. No puedo tacharlas y pretender vivir con miles de cruces negras dentro de mi cuerpo. No quiero esa mugre.

No puedo deshacerlo todo.

Puedo integrar.

Entonces eso que no pasó hoy es parte de mi aprendizaje y es lo que me lleva a poder revertir mis propias heridas.

No importa si logro cumplir mis anhelos. Juro que no importa. Me basta y me sobra con saber que, de ahora en adelante, el lápiz que tengo en la mano será el que diseñe mi propia obra.

Que me lleven bailando y no doliendo. Eso es lo único que me pido.

Como escribió Paul Éluard: «Porque hay otros mundos, pero están en este. Porque hay otras vidas, pero están en esta».

Y es acá donde tengo que bailar.

74

Para poder responder

Cuando uno se propone la distancia vincular, como el último método para ver qué nos sucede en esa ventana que se abre, termina asombrado de las cosas que aguantó, sin entender por qué las aguantó.

Hay que atreverse a pasar ese peaje.

Es una angustia abstinente, que una vez que logramos atravesarla acaba por ser un bien necesario que nos devuelve el alma al cuerpo.

Convivimos con muchas voces dentro de nosotros que no conocemos hasta que se ponen en marcha sin pedirnos permiso.

Son huéspedes que habitan en nuestra casa.

Miedo. Soledad. Abandono. Inseguridad. Dependencia. Ansiedad. Depresión. Angustia.

No hablan, actúan. Y lo hacen de una forma muy peculiar: destruyen nuestra capacidad de decisión.

Irrumpen de forma inesperada, y cuando nos queremos dar cuenta atentan contra nuestro propio deseo.

¿Qué podemos hacer con un enemigo que duerme en nuestra propia cama?

Tomar distancia.

Distancia para ver.

Para entender.

Para frenar.

Para conocer.

Para aclarar.

Y, muchas veces, para poder decir basta.

Distancia para devolvernos la confianza que cedimos a nuestro propio inconsciente y transformarla en certeza para transitar el camino que elegimos.

Distancia.

Como un golpe de aire fresco en la cara.

Como una ficha a favor de nuestra libertad.

Como un revelador de ese misterio que no podemos desatar:

¿Por qué estamos donde no queremos estar?

Distancia.

Para poder responder.

Distancia.

Solo distancia.

75

Lo hago por ti

Una de la madrugada y apareció tu mensaje.

Escribiste y desapareciste de la conexión, como quien tira la piedra y esconde la mano.

«Lo hice por ti. Espero que estés bien. Un beso a los niños».

Hace unos días, después de varios intentos de llevar adelante un vínculo que no tenía más pretensiones que el de la salud mental para las dos partes, decidí alejarme.

«Me voy —te dije—. Me separo. Esto no es para mí. Me está haciendo daño».

Me contestaste como si fueras un robot. Totalmente deshumanizado. Pude imaginarte respondiendo con una sola mano y con la otra levantando una copa de vino. O quizá, enviando algún correo de trabajo. O devolviendo una llamada de tu hija.

La verdad es que no lo sé. Pero solo alguien que tiene una urgencia que resolver puede responder como tú lo hiciste.

Y hasta donde yo sabía, esas eran tus prioridades: el alcohol, tus hijos y tu trabajo.

En ese orden.

«Correcto» fue la respuesta que elegiste para aceptar una decisión que me llevó más de dos años y mochilas de culpa animarme a tomar.

Intenté explicarte la razón de mi decisión, supongo que

para darle un poco más de valor a la despedida, y también porque justifiqué tu respuesta creyendo que te había dolido mi elección. Pero apostaste un poco más fuerte y cerraste la conversación diciendo: «No digas nada más. ¿OK? No hace falta».

Ese fue nuestro final: nuestra hermosa y tierna despedida.

Nos conocimos hace un tiempo. Todo lo que siguió a partir de ese cimbronazo fueron intentos. Intentos de todo: de vernos. De tener una relación. De ser amigos. Novios. De besarnos. De ser felices. De soñar de forma paralela. De ayudarnos. De anestesiar las noches oscuras del alma. De que vaya. De que vengas.

Intentos. Meros intentos.

Los rompiste todos. Todos y cada uno de ellos fueron estrellados contra el suelo antes de que pudieran ser concretados en el aire.

Cristales por todas partes, imposibles de juntar.

Cristales y más cristales.

Cada golpe rompía un poco más la idea de un nosotros que mi fantasía había colocado en un altar.

No llegué ni a saborear esa palabra en mi boca.

Todo se trataba de ti. De ti y de tus causas. De ti y tus motivos. De ti y tus circunstancias.

La razón de todas las explosiones fueron tus miedos.

Tu incapacidad, tus inseguridades, tu rotura, tu fisura, tu pasado, tu presente, tu futuro, tu amor por otra, tu amor por mí, tu amor por ti.

Tu enfermedad. Tu salud. Tu cobardía. Tu osadía.

La distancia. La cercanía. El trabajo.

Y, sobre todo, la razón que coronaba todos tus motivos era que alguien como yo no te merecía.

Tanto me querías que no te merecía así de incompleto. Un loco suelto. Un pibe roto. Un fracasado. Y ya ni me acuerdo de cuántas historias más.

Nuestras discusiones, que nunca llegaron a ese estatus porque siempre abandonabas antes de que sucedieran, se trataban de hacerme entender a mí que si había algo errado en esta historia era mi amor.

Que algo de la realidad me estaba perdiendo. Que no era objetiva en mi afecto.

Sin embargo, mi compasión, mi ilusión y mi deseo intentaban remontar una cometa sin hilo que la sostuviera.

No querías que te quisiera.

Realmente sentías con todas tus fuerzas que no te lo merecías.

Cada cristal hecho añicos en el suelo era la prueba para alejarme antes de que me cortara.

Yo te quería a pesar de todo, porque todo eso también eras tú.

Así que todo este tiempo he estado barriendo el desastre que hacías cada vez que nos acercábamos un poco más. Recogí cristales y los tiré al cubo de la basura durante meses.

No era un desafío. Sabía, sin lugar a dudas, que si había alguien que los iba a pisar no sería yo.

Te cuidaba. Te estaba cuidando de ti mismo.

No quería arreglarte. Ni repararte. Ni adecuarte a mis necesidades.

Quería quererte.

Quererte. Como quiere la gente que simplemente sabe querer.

Yo quería intentarlo. Quería intentarlo porque nos merecíamos darle un lugar a todo lo que la vida nos había puesto en el camino. Y sobre todo, porque te aceptaba así, con tus dolores y heridas abiertas. Y también, porque no tenía ningún miedo de mostrarte las mías.

No tengo ninguna duda de que eso fue lo que te demostré todo este tiempo.

Lo intenté. Sabemos que lo intenté.

Pero tú me escribes un mes después, con la carta de la mentira en la mano, para decirme que lo hiciste por mí.

«Lo hago por ti».

«Lo hago por ti».

Con eso me diste a entender que aceptaba nuestra separación como una penitencia que te estaba poniendo y que no se te había ocurrido elevar la voz.

¿Por mí? ¿Qué es lo que hiciste por mí?

¿Tu incapacidad de animarte a querer?

¿Tu enfermedad, que no estabas dispuesto a aceptar?

¿Tu falta de amor propio como la piedra con la que elegiste tropezar en el camino y caerte de bruces en vez de soltarla y aprender a caminar como un adulto emocional?

¿Qué me estabas queriendo decir?

«Te mereces otra cosa».

«Algo mejor».

Pues entonces sé algo mejor. Sé otra cosa. Deja el papel de víctima, las noches ahogado en vasos de vino, las camas con olor a nadie, tus vínculos tóxicos y patológicos de pretender amar justo a la que te devuelve la certeza de que vas a ser abandonado otra vez. Cuídate. Por mí, cuídate.

Cuídate. Entrégate a algo distinto. Disfruta cumpliendo los desafíos que te tocaron sortear en la rueda de la vida. Renuncia a tus miedos y entierra tu cobardía.

Por mí, anímate.

Rompe las murallas en las que sobrevive tu corazón hace tiempo por terror a que lo toquen y lo destruyan.

Ama.

Crece.

Respira paz y no dolor.

Ríe.

Grita.

Viaja.

Sueña.

Da más. Más. Mucho más.

Sé libre.

Libérate de ese pasado que decidiste llamar destino.

Pero no me digas que te alejas por mí.

Que por mí desapareces.

Que por mí te retiras.

No es por mí. Es por ti.

Por ti y la comodidad que implica tu zona confortable de sufrimiento, donde si hay algo que conoces de manera impecable es el lenguaje que se habla ahí.

Por mí, no.

Yo soy una más de tus renuncias a la vida.

Un nuevo intento fallido.

Un paso no dado por terror a volver a caer y no saber cómo levantarte.

Una perlita nueva que se suma a la pila de los lamentos que estás coleccionando.

Arena.

Soy arena que hace más fuerte y pesado el puñado que mañana se te cae de la mano donde confirmas que vivir, otra vez, te salió mal.

Por mí nada.

Te devuelvo tu misil que lleva el estigma que te recuerda que no te mereces amar ni ser amado.

Esas no son mis palabras. Ni mi sentimiento. Ni mi mirada.

¿Por mí?

Por mí, resiste.

No aflojes.

Pide ayuda a todos tus seres queridos.

Habla. Rompe las cadenas del infierno al que te ataste tú mismo.

No te vayas.

No te escondas.

No te mueras otra vez en tus propios brazos.

Por mí, nunca dejes de intentarlo.

Y mucho menos si es conmigo.

No tengo intenciones de curarte. Lo único que pretendo es no soltarte la mano en el camino.

Tiempo

Un soñador siempre es violento.

Arrasa con todo.

Quita, con furia, las piedras de en medio del camino.

Sabe transformar aquello que lo inspira en su hogar: ese lugar a donde siempre va a querer retornar.

De un lado: el éxito de su cumplimiento.

Del otro: el fracaso de la demora en poder realizarlo.

Pero abandonar resulta ser algo que nunca está en sus planes.

Nadie que se pierda en medio del océano piensa que no va a regresar a casa.

Lejos de eso, la vuelta es su motivación.

El soñador, antes que resignarse, se pone a nadar entre los tiburones.

No importa cuán lejos quede la orilla. Porque la llegada es algo que le importa al ego.

Y un soñador ama su sueño más que a su propio ego.

Se juega las consecuencias del esfuerzo y preserva la energía que necesita como su alimento.

¿Quién no regaló compulsivamente tiempo a otros que estaban caminando su propia vida?

¿Cuánto damos a quienes no lo piden, no lo perciben, no lo quieren, no lo valoran y muchas veces ni lo cuestionan?

No se trata de dar amor que atente contra uno mismo.

Porque eso no es compasión.

No es altruismo.

No es solidaridad.

Eso es un error.

Es masoquismo de un tiempo mal capitalizado.

Saber a dónde. Saber a quién.

Porque alguien que sueña necesita tener sus propias alas a disposición.

Con un chasquido, abrirlas y empezar el viaje interior para poder plasmarlo en la tierra.

Y las alas están tejidas de energía.

De tiempo.

De confianza.

De valor.

De osadía.

De entrega.

De potencia.

Y de mucho amor.

Y todas estas cualidades van de regalo cada vez que postergamos nuestros minutos, mientras intentamos inflar un globo que no es nuestro y que, de propina, nos quita la respiración.

Seamos soñadores violentos.

Apasionados.

Convencidos.

Decididos.

No regalemos el combustible que necesitamos para construir deseos en vidas ajenas.

Contagiemos nuestro vuelo.

Pero no regalemos nunca nuestras alas.

Abramos los ojos.

Seamos conscientes.

Que, a pesar de todo lo que hagamos por los otros, nadie vuela una vida real con alas prestadas.

Creemos que somos empáticos, pero somos ignorantes.

Y cuando despertemos, ya tarde, nos arrepentiremos de haber perdido en lugares que nunca nos dieron la bienvenida nuestro bien más valioso: el tiempo.

Una cosa

Una cosa es el sacrificio y el esfuerzo que tuviste que hacer para alcanzar tu sueño, y otra muy distinta son las consecuencias que estás pagando por haberlo logrado.

Frena y mírate al espejo.

¿Vale lo que te cuesta?

¿Tu meta ha devorado tu felicidad?

¿El reflejo del espejo te está devolviendo la imagen con la que pensabas que te ibas a encontrar?

Deja el pánico, la soberbia y la culpa, y cuestiónatelo todo.

Siempre puedes decir: me equivoqué, no era lo que me imaginaba.

Es más fácil saber lo que queremos que conocer lo que sentiremos cuando lo tengamos.

Soñamos con el logro pero nunca vemos con certeza las consecuencias.

Frena.

Pregúntatelo todo.

No todas las rosas valen las espinas que te estás clavando.

No

Me escondí para poder replegarme.

Quité la foto del perfil de mi teléfono móvil y después lo apagué.

Dejé un nuevo texto colgado en las redes sociales, como quien deja las zapatillas en la puerta de su casa, para que sepáis que estoy bien.

No quiero que os preocupéis.

Quiero que entendáis que lo que estoy haciendo es una desaparición en vida, para que nadie me moleste.

En verdad me siento presa de la incapacidad que tienen los otros de vivir consigo mismos.

Realmente cansa.

Me agotan.

Bajé las cortinas de mi casa.

Apagué las luces para no dar señales de que estoy dentro, respirando libertad.

La gente busca excusas cuando ve que disfrutas lo que ellos padecen y, en nombre de las buenas intenciones, tocan el timbre solo para arruinarte la cita.

Desactivé el portero.

Velas.

Sahumerio.

Música hindú que me recuerda mi estancia en la India, donde logré sentir en todas mis células que cuando la paz se lleva dentro no hay caos que la haga tambalear.

Abrí el grifo de la ducha y dejé que corriera un poco el agua. El vapor que salía por la puerta entreabierta me avisó de que estaba lo suficientemente caliente.

Entré en la bañera y me arrodillé.

Cerré los ojos y agaché la cabeza.

Me senté y estiré las piernas.

El agua en los hombros no me quemaba.

Me relajaba.

Me quedé un rato sin hacer nada. Aunque, ciertamente, para mí significaba mucho.

El olor de la música sonando y el ruido del fuego de las velas me limpiaban el cuerpo como si se tratara de un jabón que había decidido no agarrar.

No quería nada en el cuerpo más que agua.

Supongo que estaba meditando.

Viviendo el momento.

Sintiendo el momento.

Entregada al momento.

No pido. No hablo. No pienso.

Solo respiro.

Respiro.

Sin levantarme de la bañera, estiré el brazo y giré la otra llave.

Enfrié poco a poco el agua hasta que mi piel se adaptó a esta nueva temperatura.

Me di la vuelta sin abrir los ojos y me arrodillé.

El agua ya estaba fría.

Muy fría.

Moví la cabeza hacia atrás y recibí esa lluvia en la cara.

Los ojos.

Agua fría en los ojos.

Sentí literalmente cómo iban saliendo los días de mi cuerpo.

Me estaba sacando los días de encima.

Corría el agua al mismo tiempo que corrían los momentos que tenían que irse por el sumidero.

Realmente esa limpieza arrastraba sin saberlo la limpieza de algo mucho más profundo.

Cansancio. Se estaba yendo un cansancio que no era mío.

Muchas voces se iban por el sumidero.

Presiones. Explicaciones. Consejos. Palabras vanas.

Coloqué las manos en el pecho y comencé a arrancar las emociones que pedían libertad.

Suspiré un mundo en ese rato.

Suspiros. Muchos suspiros.

Me estaba desintoxicando.

No me importaron los relojes.

El tiempo que tenía que usar lo usé. O quizá, viéndolo en perspectiva, fui yo la que se dejó usar por el tiempo.

No sé cuánto estuve ahí.

Pero una vez que ya había cerrado los grifos, dejé que el mismo tiempo se encargara de secar el cuerpo dentro de la bañera.

Apoyé la espalda contra la pared y miré sin saber qué estaba mirando, esperé sin saber qué estaba esperando.

Me levanté y usé una toalla para irme hasta mi dormitorio.

La extendí en el suelo y me tumbé allí.

El olor que había en la habitación había cambiado.

Era paz.

La paz se huele.

Se siente en la piel.

Se huele en el aire.

Se toca abriendo bien las manos y no sintiendo nada que las aprisione.

Se escucha en la respiración.

Se saborea.

Me quedé dormida.

¿Estaba siendo feliz?
No.
Me sentía libre.
Y eso queda un pueblo más arriba.

Los conozco

Andan todos con cara de refugiados. Exiliados de una vida que nadie eligió. Todos consternados porque ya nada es lo que era. De tanto buscar, acaban por perderse, y entonces después ya no saben a dónde tienen que regresar. Y si un día lo recuerdan, tampoco quieren.

Volver a casa tiene sabor a depresión. No se sienten amparados. No tienen con qué cubrirse la espalda. Tiemblan en las noches de calor mirando la nada. Las infinitas posibilidades de vivir les causa una ansiedad en el pecho que los desborda.

No saben qué hacer para sentir alegría.

Ven felicidad en historias ajenas.

Claro que saben que todos mienten, pero tampoco tienen la fuerza interior para contarse los mismos cuentos.

No tienen ganas.

No saben lo que quieren. Y hacen, mientras tanto, lo que no quieren.

En esa habilidad que aprendieron, supongo que esperan que el sentido de sus propias existencias se les revele como un ladrillo en la cabeza.

Piden ayuda a sus muertos. Al universo. A su propio Dios.

Tristes. Vacíos. Promiscuos. Adictos.

Necesitan alguien que los guíe.

Que les diga cómo.

Por dónde y por qué razón.

Gente con miedo.

Terror de volver a romperse porque saben perfectamente que nadie recogerá los pedazos.

Los conozco.

Fui todos ellos.

A veces lo soy.

A mí me ayudó el silencio.

La posibilidad de sentir la soledad como mi aliada.

El amor.

El perdón.

Abrazar la tristeza, la duda y el insomnio.

Dejar de pedir.

Dejar de esperar.

Mi agenda es otra.

Mis padres nunca me dijeron lo que tenía que hacer. Quién tenía que ser. Cómo tenía que ser.

Me echaron al mundo sin un mapa y con muy pocos preceptos recitados de forma explícita.

Tuve que entrar a bucear donde se encontraba mi felicidad.

Probé tantos caminos como pude.

Fui y vine.

Tuve que patear muchas vidas posibles.

Frustraciones. Heridas. Abandonos.

Vivir.

¿Y después? Después cae el ladrillo.

No desde arriba, ni desde un lado.

Explota desde dentro.

Sí. Eso es despertar.

Despertar implica descubrir todo el tiempo que estuviste caminando con los ojos vendados.

Las luces encandilan y uno parpadea en un intento de volver a cerrar los ojos.

Todo resulta excesivo.
La verdad es violenta.
Entonces querrás volver a dormirte otra vez.
Pero no podrás.
No hay vuelta atrás.
Se llama libertad.

80

Fotosíntesis

Ninguna planta mientras crece reconoce si el rayo que le cae encima tiene la intención de destruirla.

La planta no interpreta. Solo ve luz.

Y cuando ve luz, de forma inevitable, la toma.

No lo decide, es atravesada.

Y entonces el sol, que nada sabe de la fortaleza de la planta, le dispara con toda la potencia de cada uno de sus rayos y forma parte imprescindible de ese milagro.

La planta se hace más fuerte.

Se va abriendo.

Despliega sus hojas.

Va ganando seguridad y territorio.

La respiración es cada vez más limpia.

Se va limpiando.

Purificando.

Desintoxicando.

Se va poniendo hermosa.

Tan hermosa…

Hay rayos que queman solo porque responden a su esencia de ser rayo.

Pero mientras disparan no tienen forma de saber que se metieron con la planta equivocada.

Es cierto: el sol quiere quemar, porque ese su trabajo.

Pero sin quererlo y en contradicción a lo que está buscando: la está transformando.

La eleva.

Pretende agobiarla, pero en esa defensa de sus hojas la va fortaleciendo.

La vuelve cada vez más resiliente.

Fuerte.

Muy fuerte.

La quiere marchitar.

Pero ella, tan quieta, tan pura, tan noble, tan flor, está haciendo solo lo que su esencia le permite hacer:

Fotosíntesis.

81

Palabras

Digo palabras y lo digo todo.
No creo que haya algo más poderoso que las palabras.
Las sueltas.
Las encuadernadas.
Las robadas.
Las inventadas.
Las buscadas.
Las mágicas.
Las que abrigan.
Las que sanan.
Las que se lloran.
Y también, las que matan.
Palabras.
Esas que uno dibuja mientras mira a la nada.
Las que dicen el nombre de nuestro sueño.
Las que disparan más fuerte que mil disparos.
Las que dan nombre al recuerdo.
Que nombran lo innombrable.
Lo indecible.
Lo desconocido.
Y entonces, cuando logran poner ese cúmulo de desorden de ansiedad encima de la mesa del lenguaje, todo eso que perturba dentro de nuestra garganta y la cierra.
La presiona.
La revienta.

La ahoga.
Entonces logran un grito de exhalación.
Aparece un nuevo nacimiento.
Una nueva reconstrucción.
Una posibilidad infinita llamada esperanza.
Digo palabras y casi siento que lo tengo todo.
Escribo para no morir.
Para no morir ahogada.
Atragantada.
De miedo.
Ignorante.
Dormida.
Apagada.
Sin haberlo intentado todo.
Sin haber intentado nada.
Escribo para no morir.
De amor.
De desamor.
De dolor.
De alegría.
Y sobre todo.
De olvido.
Donde haya una palabra no existe angustia que nos amenace.
Como sea, pero decirlo.
Hablar.
Por la boca.
Por los ojos.
Con las manos.
Dando abrazos.
Quitando abrazos.
En voz baja.
En voz alta.
Arrodillados.

Bailando.
Susurrando.
Escribiendo.
Gritando.
Llorando.
Como sea.
Como se pueda.
Como se quiera.
Pero decir…
Palabras.
Solo palabras.
Y el nudo se afloja.
El corazón se afloja.
El mundo se afloja.

82

No creo en las señales

Todas las veces que creí recibirlas, después y con un gesto de decepción me di cuenta de que estaba abriendo un paquete que no era mío.

Más de una vez sentí, como lo habrás sentido tú, que un alma desconocida armonizaba con la mía. Le concedía el don, sin un solo dato de antemano, de poder leerme la mirada.

Vibraba en mi misma sintonía.

Juraba que comprendía mi lenguaje.

Mi deseo sintetizaba esa experiencia como algo sobrenatural y le ponía la etiqueta de «pertenece a mi mundo» para garantizar como escribana de mi propia firma que ahí estaba a salvo.

Tiempo después, esa conexión se rompía.

Se desfiguraba.

Se terminaba cayendo, como se cae todo lo que se idealiza.

No eran señales: eran deseos.

Era mi esperanza con los ojos vendados, haciendo que encaje lo que yo necesitaba con lo que había disponible.

Cuando uno tiene hambre no elige qué comer. Lejos de eso, echa mano de lo primero que ve.

Y cuando uno tiene urgencia por aparearse con otro, para no transitar la vida en solitario, allí donde hay peligro y fuego, lo transforma en aventura y en luz.

No creía en las señales porque la desilusión me hacía pensar que había inventado lo que yo quería que existiera.

Pero ahora, más madura y un poco más sabia…

Sí que las veo.

Las huelo.

Las siento.

Las toco en el pecho.

Aun, y sobre todo, en cada cosa que me demuestre que ahí donde yo veía magia había solo un truco, hoy las agradezco.

Si te das cuenta de todo aquello que te hundió un poquito, verás que fue exactamente eso lo que te fue acercando al camino que querías tomar y no sabías dónde quedaba.

Gracias.

No creía en las señales porque solo lo fueron una vez que dejaron su enseñanza en mí, y para que eso pase primero tuvieron que morir.

No falla la intuición.

No elegiste mal.

No te mintieron.

No te estafaron.

Te estaban mostrando todo lo que tenías que sacar del bolso para ir a tu destino.

Las señales son señales una vez que dejan su huella.

Y para tener la ruta marcada, primero hay que caminar un montón.

Hoy puedo comprender que no debo creer en las señales cuando son flechazos a primera vista.

Solo creo en ellas cuando se sostienen en el tiempo y, por lo tanto, aparecen al final y no al principio.

Creo en las señales que son pregunta y no respuesta.

Porque las preguntas perduran. Mientras que las respuestas van mutando.

Y eso lleva mucho tiempo.

Tiempo.

Las señales nos piden tiempo.

En cambio, lo que desaparece tan rápido se llama imaginación.

83

¿Puede alguien decirme «me voy a comer tu dolor»?*

Y te iba a decir que no. Que no puedo. Que no estaba dentro de mis posibilidades, aunque sí tenía las intenciones repletas de amor y compasión.

Pero que entendía que este camino era tuyo. Y que mi lugar en tu viaje solo era de contención.

Una insípida mano es lo que puedo tenderte para que la pongas donde más te haga falta, en el momento que la necesites.

Y casi te pido perdón: perdón por no ser capaz de morder un poco de tu angustia para aliviarte el infierno.

Perdón, mi amor. Perdón.

Sin embargo, cuando estuve a punto de declararme incompetente, algo mágico pasó.

La música que le hacía escuchar a papá a diario, mientras estaba peleando por no dejar este mundo, apareció de la mano de alguien que no conozco.

Me la hizo llegar por mensaje a mi buzón de correo con una foto de la portada de mi libro.

Había construido una historia pequeña con un valor tan grande.

---

* «El infierno está encantador esta noche» (canción del grupo musical Patricio Rey y sus Redonditos de Ricota).

Y la puse fuerte.

Y sabía que ella estaba del otro lado.

Y que ese otro lado ya no era otro: era nuestro.

Y parte de mi emoción estaba siendo compartida por alguien más.

Y la música sonaba más fuerte.

Más fuerte.

Más.

Y la ausencia de papá de repente se transformó en presencia.

Y mi recuerdo dejó de ser recuerdo para ser latido en el alma.

Y ya no estaba llorando sola.

Porque ahora había alguien sosteniendo mi dolor con ese hilo rojo del que la gente tanto habla.

Y entonces el final (o el principio) de lo que te iba a decir cambió por completo.

Porque ahora sé que sí.

Que sí.

Que sí.

Que puedo agarrar ese mismo hilo rojo que no solo une personas destinadas a encontrarse, sino que a partir de ahora asumo en rigor de verdad que también puede unir distintos dolores y suavizar el daño de las heridas.

Sí. Puedo. Lo digo gritando mientras levanto mi mano.

Soy capaz de comerme tu dolor.

No todo. Porque tienes tu parte en esta cena y es esencial para tu aprendizaje.

Pero yo puedo.

Tengo en la mano este hilo.

Me uno a tu tristeza y a tu lucha.

Fíjate cómo ya somos dos.

Y no me digas que no te duele un poco menos.

No me digas que no.

Siénteme.

Siéntete.

¿Te das cuenta de que sí?

Sí, mi amor.

Ahora puedo decirte con el rigor de la certeza que soy capaz de comerme tu dolor.

84

Ya lo sé

Es difícil.

Es bastante complicado saber gestionar las propias emociones cuando son de esas que golpean en el centro del ego.

A nadie le gusta que le toquen una herida que todavía no ha cicatrizado.

Algunos atacan cuando creen que el otro tuvo la intención de provocar dolor.

Creen que joder al otro anestesia un poco sus cuestiones no resueltas.

El rencor.

La venganza.

El maltrato.

El desprecio.

El daño intencionado.

Son intentos fallidos de desprestigiar el valor del otro para poder elevar una autoestima rota: la nuestra.

No funciona así.

La ansiedad que genera querer devolver la pelota y no saber dónde está la portería es frustrante.

La pelota nunca irá a la portería indicada, porque esa portería no es la que te provocó la herida. Solo te la recordó.

Del otro lado del mundo están los que utilizan ese llamador interior para evolucionar. Sí, claro. Para su propio crecimiento. Son esos que ves ahí, más tranquilos. Seguros.

Aprenden.

Comprenden.

Y aceptan los golpes al ego para revisarlos.

Abrirlos. Mirarlos. Hablarles y escucharlos.

Abrir la puerta a esas emociones nos permite poder conocerlas y manejarlas mejor.

Siempre es más fácil culpar a los demás. Pero el precio se llama involución.

Ya sé que estás herido, pero fastidiar a los demás no te cura.

La vida no tiene cuentas pendientes con nadie.

Solo se manifiesta de forma imparable.

A veces duele.

A veces sana.

Pero mostrar los dientes al resto no te rescata.

El ataque como defensa no sirve.

A veces el otro ni se entera. Simplemente porque lo que le duele, quizá, no es el lugar donde tú le estás pegando.

¿Te lastimaron?

¿Lastimaste?

¿Te lastimaste?

Mirar hacia dentro es el primer paso para poder sanar.

85

Niños que nunca mueren

Los años que vamos cumpliendo no se apagan junto con las velas de nuestro pastel.

Todos permanecen acá. En el interior de estos adultos en los que nos hemos convertido.

Mis tres, cuatro, cinco, diez, doce, quince, mis veinte años me habitan. Viven en mí.

No se fueron con ningún soplido.

Acá quedaron.

Clavados como recuerdos hermosos pero también como heridas profundas.

Nuestra defensa es el modo de combatir esos fantasmas que nunca jamás están debajo de la cama.

Eso es una mentira poética.

Los fantasmas se reflejan en cada espejo que nos cruzamos. Ahí están intactos. Inamovibles.

El monstruo está dentro.

El miedo nunca ataca desde fuera.

Nunca.

Estamos acostumbrados a decir y a escuchar que tenemos que ser compasivos con aquellos que están librando sus propias batallas internas. Estas batallas son también las que enfrentaron nuestra niñez, nuestra adolescencia y nuestra adultez.

Somos humanos que arrastran pasados que intentaron ser resueltos con herramientas de juguete.

Pero un día intentamos vivir una vida distinta. Queremos tomar la potestad de nuestro futuro. Y salimos con lanzas y flechas que disparan en todas las direcciones.

La mayoría de las veces contra nosotros mismos.

No queremos hacernos daño.

Queremos vibrar con la fuerza de una emoción que sabemos que alguna vez sentimos, y eso es lo que intentamos encontrar: a nosotros.

No sabemos dónde nos quedamos.

No sabemos dónde empezar el rastrillaje.

Y todo lo que pasa en el camino se llaman errores.

Tropiezos.

Frustraciones.

Y está bien.

Nadie encuentra lo que perdió en un instante. Si así fuera, la palabra «búsqueda» sería la más corta del diccionario de la vida.

No importan las caídas.

Importa vivir anclados al suelo.

Importa vivir aferrados a distractores que nos hagan transitar por este mundo como si no nos perteneciera.

Recordemos que las batallas que uno libra cada día de su vida contienen los años que nos habitan.

Somos niños que nunca mueren.

Y muchas veces seguimos usando las herramientas de juguete, aun en las peores guerras de nuestro universo.

86

Yo paso

¿Que fluya el qué?

No. Me esfuerzo para que lo que quiero suceda. Trabajo sobre la realidad para poder modificarla. Creo que la evolución emociona a través de mucho aprendizaje.

Ni loca dejo que mi vida, la única que tengo, fluya.

No soy el viento.

Tengo dirección y de vez en cuando decido cambiarla y entonces doy un giro hacia otro lado.

Me expreso.

Digo lo que quiero.

No espero que el otro me venga a buscar. Lo busco, y si se esconde, no pierdo el tiempo en una espera que demora mi marcha.

Me voy.

Agarro mis cosas y me voy.

Yo no fluyo.

Yo me esfuerzo. Me esmero. Trabajo. Estudio. Discuto. Aprendo. Me caigo. Me levanto y, en el mejor de los casos, trato de no volver a tropezar.

Vivo mi vida con plena conciencia. Tuve la prueba de la finitud de mi vida el día que vi cómo mi papá se iba de este mundo.

Me voy a morir.

¿Que tengo que dejar que fluya?

El río fluye.

El viento fluye.

La energía fluye.

Pero todo lo demás necesita el condimento de la acción. De la voluntad. De mi deseo y mi decisión.

Que fluya la música, y si yo quiero bailo.

Que fluya el sentimiento que tengo por ti, pero si no te cuido, si no te mimo, si no te valoro ni te lo hago saber, lo que va a fluir son tus ganas de irte.

Construyo mi propia vida.

Hay variables que no dependen de mí. Pero sí puedo decidir qué hacer con lo que yo manejo.

Yo siempre le pongo cuerpo, dedicación y alma.

No estoy para entregar mi vida al destino.

No puedo hacer que tú me quieras.

Tener el trabajo que deseo.

La familia con la que sueño.

Mis propios proyectos.

Pero ¿dejar fluir? Ni loca.

Siempre me voy a dormir sabiendo que si las cosas no sucedieron no es porque yo me haya quedado esperando que mi vida vuele según dicta el azar.

Yo hago. Me pongo. Te lo digo, y si no hay nada me voy.

Pero siempre llevo a cabo mi parte.

Que fluya la vida que yo me dediqué a construir.

Y lo que escapa de mí, simplemente es eso. Escapa de mí.

Saberlo es conocer mi límite.

Dejarlo fluir es regalar mi libertad.

Y no. Yo paso.

87

Narciso es su nombre

El narcisista es un dependiente afectivo. En última instancia, todo el trabajo de seducción lo hace para obtener un poco de tu pan y así alimentar el monstruo que tiene dentro.

Para eso trabaja.

Hace trabajo de hormiga. Despliega todo tipo de armas de seducción que se ajusten a lo que ya evaluó (sí, ya lo evaluó) que tú necesitas.

Entonces, si te gustan los libros, el tipo es el gran lector del universo.

Si te gusta el deporte, es el atleta número uno.

Si estás mal, triste y sola, es la única persona que sabe cómo sacarte del pozo.

Triangula.

Quiero decir que nunca juega con una sola persona. Necesita varias casas a la vez para que cuando se le vayan desmoronando los techos de las mentiras que creó siempre tenga algún otro hueco donde caer.

Los narcisistas no tienen amigos. Solo admiradores.

Gente que conoce su mejor versión termina por creer que son seres excepcionales llenos de carisma y empatía.

Las exparejas suelen ser presentadas como histéricas. Desubicadas. Resentidas.

En su mayoría son todas adineradas.

Muy trabajadoras.

Inteligentes.

Con carreras y logros cumplidos.

Claro, no buscan a cualquiera.

Quieren comer bien. Platos de lujo.

Saben además que no cualquiera puede cumplir con los requisitos para ser presentado como un trofeo de su narcisismo.

No escogen a cualquiera.

Buscan a la adecuada.

Y la adecuada tiene que tener buena presencia, física y académica.

Mujeres exitosas. Independientes. Bellas.

Pero que huelen a vulnerabilidad afectiva sin resolver: la necesidad de ser necesitadas.

Cuando ven esto, atacan.

La seducción es el objetivo, y van a trabajar desde temprano con un mensaje dándote los buenos días y mandándote el último de buenas noches.

Pero, mientras, algo empieza a caer.

Y son los garrotazos a tu autoestima.

Que tú no puedes vivir sin él.

Que tú no sirves para nada sin él.

Que tú no vales nada sin él.

También atacan con calificativos peyorativos a la gente que te rodea.

Te subestiman.

Te sacan.

Te chupan.

Te secan.

Hasta dejarte tirada. ¿Para qué?

Para comerte mejor.

El único lugar de donde tienes que salir es el único lugar en el que puedes quedarte, porque sin fuerza, sin valor propio y sin tu red afectiva, que se ha encargado de dinamitar de forma lenta y silenciosa, no tienes con qué arrancar el despegue.

Seducción, manipulación, triangulación.

Dos claves más para que te cierre la historia.

Ellos están rotos. Desahuciado es el nombre del ancla que te tiran en medio de los ojos para hacerte picar.

Son pobres seres indefensos, víctimas en todas las aristas de la vida, y alguien, por no decir todos, empecinado con su fragilidad, les ha partido el corazón.

Cachorritos abandonados que están pidiendo ser rescatados.

¿Por quién? Por ti.

Conocer a su familia resulta misión imposible.

Claro que la tiene. Pero bien escondida.

Por último y más importante: si cuando se le cae el velo lo que ves te genera rechazo, asco y vergüenza de haber estado tan herida para terminar en esos abrazos de fuego, Narciso es su nombre. Y tú, su presa.

¿Por qué lo hace?

Porque está enfermo.

El narcisismo es un trastorno grave de la personalidad.

Comen sangre humana.

Te celan. Te engañan. Mienten. Destruyen tu identidad.

Te desgastan.

Te agotan.

Vampiros emocionales que no paran porque no sienten culpa a pesar de ser conscientes de lo que hacen.

Sin culpa, no hay espacio para la angustia. Sin angustia, no hay arrepentimiento.

Sin arrepentimiento, no hay tiempo para la reparación del daño.

Aunque simulen hacerlo intentando adornar el dolor que causaron con algún regalito.

¿Por qué lo hacen?

Copian a la gente que pide perdón.

Los imitan.

Tratan de cumplir bien el rol del personaje que están interpretando.

¿Cuánto les dura la ficción?

Hasta que te ven sonreír otra vez.

Un poco más fortalecida, vuelven a atacar lo que buscan.

Tu placenta, alimentarse de lo que tú les das.

Perversión, lo llaman.

Pero los perversos ¿quieren?

¿Aman?

De forma perversa.

De forma insana.

De forma enferma.

¿Se curan?

Nadie se cura de una enfermedad que no solo no sufre sino que, además, disfruta.

Es el goce proyectado en el padecer del otro.

¿Es locura?

Cada uno goza como puede.

Una trampa

Queremos salvar al otro de su dolor para que, cuando ya esté en condiciones, nos devuelva con la misma moneda.

Es dar para recibir.

Es entregarse como arma de seducción.

Es ofrecerse como necesaria para lograr el objetivo: que la quieran.

Es una manipulación que, a veces, es inocente.

Inconsciente.

Una mentira piadosa.

Y otras, es un chantaje emocional matemáticamente evaluado.

Donde yo doy, y ahora te toca devolver a ti.

Donde exijo de vuelta el tiempo que invertí en alguien que no me lo pidió.

Donde reclamo golpeando una puerta a quien siempre me atendió por la ventana.

¿Resultados?

Fracasa.

Siempre fracasa.

¿Por qué?

Porque una cosa es ser necesitada y otra muy distinta es ser amada.

La hermosa causa de mi insomnio

Sueles reprocharme con resentimiento mi desvelo como indicador de algo que escondo. Es bien sabido que todos repetimos de buen grado esa certeza de que aquel que no puede dormir es porque debe de tener algo que en la vigilia no logra resolver.

Es el infierno que se hace presente cada noche, como recordatorio de su pecado.

«Algo habrá hecho», repiten los chismosos.

Por favor. Ya te gustaría que te invitara a mi función.

Mi insomnio es lo más hermoso que tengo.

Es la herencia más potente que, junto con su perfume, me dejó papá.

Somos varios en mi familia los que gozamos de esta gracia genética.

Cae la noche y tienes que verme brillar.

Dios mío. Cierro los ojos y me imagino ese momento y siento que voy a morder una vez más la torta de chocolate repleta de dulce de leche que me espera cuando la carroza se transforma en calabaza y dejo caer con ganas los zapatos.

Placer.

Siento el placer en todo el cuerpo, el que anticipa la noche que voy a vivir hoy.

Mi insomnio es placer.

Se apaga el mundo y se enciende el mío.

Música suave y serena de fondo, algunas velitas que dan un poco de luz a las estrellas que entran por las ventanas de mi casa. El hervidor preparado.

Un libro abierto.

El portátil con la batería cargada.

Mi mejor camisón. Mis mejores pantuflas.

Y un poncho de lana de color negro, finamente calado, que me cubre del viento frío que escucho pasar por el balcón de mi cuarto.

Estoy preparada.

Les doy espacio y permiso a mis fantasías.

Viajo a todos los destinos que quiero.

Cumplo los sueños que sueño mientras estoy despierta y que durante el día no me lo permite la rutina.

También lo beso. Me imagino cómo besa. Cómo nos besamos.

Cómo me diría mi nombre cada vez que me pidiera que no me vaya.

Me gusta imaginarme cómo quedarían las letras de mi nombre en su boca mientras me mirara a los ojos.

Y pienso.

Y vuelo.

Y viajo.

Hago mapas mentales de mi futuro perfecto, que después dibujaré en mi cuaderno rosa, con todos los detalles que se me ocurran.

Porque por la noche
y en ese cuaderno
y en mi cabeza
y en mi imaginación
y en todas mis fantasías
y en mis amores indecibles a la luz del día
y en los libros que leo
y en los que escribo

y en los recuerdos
y en mi insomnio
en mi bendito insomnio
soy libre.
Por eso lo espero cada noche como quien espera la copa
de vino que nunca eligió tomar.
No quiero vino.
Yo tomo insomnio.
Como insomnio.
Fumo insomnio.
Compro insomnio.
Porque a esa hora la represión perdió su cordura.
Y es ella la que duerme mientras yo estoy despierta.
Y aprovecho su ausencia junto con la del mundo que
juzga y condena.
Para volverme loca.
Y libre.
La más libre.
Felizmente libre.
No necesito espectadores.
Ni fotos.
Ni anestesias para estar en paz.
Necesito insomnio.
Así que te voy a pedir que no te confundas.
Y que me tengas mucho respeto.
Como yo respeto tu necesidad de irte a dormir.
Yo no estoy lavando culpas.
Estoy dándome el regalo de no tenerlas.

90

Que no me entere

Nada me da más miedo que pensar que solamente existes dentro de mi cabeza. Que eso a lo que llaman cielo y todos suponen, junto conmigo, el lugar de nuestra próxima cita en verdad se llame pecho, y sea acá y solo acá donde te encuentre cada vez que la soledad se torne en infierno.

A veces uno mira hacia arriba y, con un suspiro, construye la carta de la esperanza en la que se lee claramente que no hay futuro si no es a tu lado.

Que no me entere de que el cielo no existe, papá.

Que no me entere.

Que no me digan que no hay un nuevo encuentro porque, entonces, muchas cosas cambiarían de sentido.

La calma.

Por ejemplo, la calma de saber que todavía me queda mucho tiempo para poder tocarte los minutos que en vida no lo hice.

La calma, papá.

La tranquilidad de saber que voy a volver a mirarte y estarás para resolver todo lo que yo me declaro incapaz, quizá tan solo para no quitarte el lugar que todavía nadie ocupó.

No me da igual cielo o pecho, papá.

Sé que se le parecen. Lo sé. También asumo que acá llego más rápido y cuando quiero. Sin tener que viajar a ningún otro lugar que a las letras de tu nombre.

Claro que lo sé.

Pero que no me digan que ya nunca más voy a verte.

A olerte.

A festejar la complicidad que nos unía, porque no es lo mismo.

No es lo mismo.

Que no me quieran convencer con historias falsas para que el infierno queme menos.

Que no me mientan y les saquen las espinas a las rosas para que todo se torne más liviano, porque lo único que hoy hace que no me incendie es la promesa de un futuro dentro de tu abrazo, donde pueda decirte gracias.

Que te quiero.

Que lo lamento.

Que me des el permiso de repararme en todos los huecos en los que me arrepiento no haber sido capaz de darte más.

De darme más.

Que no me mientan, papá.

No los dejes.

Esas cosas no se hacen.

Que no me entere de que ya no habrá una próxima vez, papá.

Que no me entere.

91

Tu cumpleaños sin ti

Cada vez que voy al supermercado, paso de largo el estante donde florecen las galletitas que tú comías. Las miro de reojo y sonrío haciendo una mueca.

«Esta vez no, Lorena», me digo en silencio. Basta. Esta vez no.

Pero no puedo.

Doy marcha atrás con el carrito y vuelvo.

Vuelvo como si estuvieras allí. Mirando, sin entender cómo puedo ser capaz de dejar esas Melitas ahí, sabiendo que son las galletitas más ricas del mundo.

«¡Preciosa! ¿Has visto lo que son esas galletitas?».

Sí, pa. Ya lo sé. Me lo dijiste más de mil veces cada vez que te preguntaba qué necesidad había de que te ocultaras con un paquete escondido detrás del mueble del salón, como si estuvieras consumiendo cocaína.

Nunca supe de quién te escondías. Pero entendía perfectamente que comer a escondidas te daba un chute de adrenalina imposible de controlar.

Pero tenías razón.

Son las mejores del mundo.

Y al interior del carro van otra vez.

Tengo la vida llena de Melitas escondidas por todas las alacenas de mi casa que no pienso comerme, porque son tuyas.

Y también compré tu famosa malta, que nunca tomé para no desvelarme de un insomnio que no deseo sanar.

Pero la compré igual porque, lo juro por Dios y la Virgen, ese frasco insulso me estaba mirando para que lo sacara de ahí y lo pusiera junto a las galletitas.

Y té de tilo y manzanilla para inducir un sueño, que no funciona.

Y también quiero que sepas que todos los días le cambio el nombre a la gente que conozco. Y a los que no conozco, se lo invento. Así me enseñaste que reír es algo tan sencillo que no requiere ni mucho truco ni tanta magia.

Y cuando puedo, trato de echarles una mano a los que me lo piden.

Y mil y una historias más donde llevo tu sangre como un legado.

Y entonces hoy sumo estas palabras a mi libro porque no quiero cerrar los ojos y pensar que me estás espiando desde arriba y no veas ninguna celebración por el día de tu cumpleaños.

Acá está.

Empieza la maratón desde la medianoche hasta el día del Padre. Tal como te gustaba a ti: tu semana de mayo, pero en junio.

Te amo, pa.

No sé qué hora es allí, pero acá es momento de festejar.

Te extraño.

Y aunque me duele no poder abrazarte, ni escuchar tu voz, no me resisto.

No me niego.

No lo escondo.

Te lloro y te río a viva voz, de la misma forma en que te escribo, que enciendo una vela, que pongo tu música de fondo y te pido que no me abandones.

Te extraño. Pero me gusta que así sea.

Porque es en tu recuerdo donde hoy te tengo todo el tiempo que quiero.

Imagínate lo que es eso.

Una eternidad.

92

Nunca

Antes de cualquier decisión, uno le ve la cara a la angustia.

Ese vacío clavado en medio del pecho que anuncia que todo, pero absolutamente todo, es posible. Y uno, ante tanta libertad, tiembla.

Tiene taquicardia.

Le cuesta dormir, o a veces duerme demasiado.

Come. Se empacha para llenar el vacío existencial que tiene más cara de todo que de nada.

Todo es posible en esa decisión.

Uno se juega la vida, incluso aunque solo sea un mensajito de texto.

Antes del todo está la nada. Y atravesarla implica un único movimiento.

Actuar.

Dejar de pensar y actuar.

No siempre importa que sume. A veces solo importa que sea necesario.

Ya sé que cuesta, de esto estoy hablando. Y en eso estoy inmersa desde hace un tiempo.

No me queda nadie a quien preguntar qué tengo que hacer. Y huyo de todos los que me dicen que haga lo que sienta.

Y sí. El problema es ese. Lo que siento.

Porque lo que siento me llevaría a lugares que no tienen nada que ver con lo que sentí alguna vez.

Incluso ayer. Hoy. Hace un rato.

La vida es contradictoria. Uno mismo lo es. Estamos trazados por la mecha de la ambivalencia en cada segundo. Y en ese segundo cada decisión es diferente. Por eso la duda. Por eso la mente no para de darle vueltas a lo mismo, harta de latir.

Entonces ¿qué hacemos?

Dios mío. Basta de días fotocopiados.

Iguales. Secos. Estancos.

Cierro los ojos y sé perfectamente dónde estaría en mi mundo.

Y tú también.

Todos también.

Entonces, el salto. Siempre el salto.

Y una vez que se haya muerto la angustia que lo antecede, a saber con qué me encontraré.

Pero ya no más angustia.

Ya no más.

¿Y si sale mal?

Lo que sale de tu corazón nunca puede salir mal.

Nunca.

93

Qué problema habría

Qué problema habría si te dijera que te quiero invitar a mi vida.

A conocer los rincones de mi casa donde siempre me quedo callada y nadie pretende entender mi silencio.

Presentarte mis fantasmas y pedirte que los asustes un poco, que a ti no te harán nada, porque los tuyos tienen otro nombre.

Otro cuerpo.

Otra vida.

«Cómetelos por mí, hazme el favor».

Quiero dormir agarrada de tu mano y probar si tus dedos son capaces de derrotar el insomnio que me condena desde muchos meses antes de nacer.

Y qué problema habría si te digo que quiero romper la armadura, liberarme de los complejos, de las dudas y de los miedos.

No me quiero tapar más la cara.

Me cansa la máscara y las manos de tanto sostenerla.

Es mentira que soy tan ordenada.

Causo desastres. Y no solo en mi vida.

Me lamento. Me arrepiento. Pido perdón y vuelvo a estropear las cosas.

No estoy por encima de nadie.

Estoy loca.

No es un chiste.

Pienso en cosas raras todo el tiempo.

No te quiero mentir. Igual no me sale.

Se me nota el nudo en el alma por más que lo quiera disimular.

Y qué problema habría si te pido que me cuides.

Que me dejes libre.

Que no me digas que no a nada.

Que me robes la llave, abras la jaula y que este vuelo lo hagas conmigo.

Y qué problema habría si te pido que cada vez que me veas dudar no dudes conmigo.

Empújame.

Dime cuál sería el problema.

Solo para saber cómo se llama el motivo que tengo que destruir.

No estoy bien del todo.

No me preocupa tu rechazo.

Tengo valores de otro planeta.

Preguntas en otro idioma.

Respuestas que nadie conoce.

Ganas de irme a vivir a la luna todos los días un rato.

Encontrarme contigo y así saber que no estoy sola en este manicomio.

Te quiero invitar a mi vida.

Dejarte mudo. Volverte del revés.

Hacer contigo todo lo que la vida todavía no se animó a hacer conmigo.

Entonces, dime, mi amor.

Qué problema habría.

Lloverá igual

Hay cosas que no cambian, o en todo caso no está en nuestras manos hacer que la toxicidad de alguien sea purificada con agua bendita.

No podemos.

No es trabajo nuestro.

Lo único que podemos hacer es no poner nuestro cuerpo a la intemperie si sabemos que después de cada trueno viene la lluvia.

Cuidarnos la ropa.

Evitar pisar el charco.

No poner el pie en una tierra convertida en barro.

Va a llover, y eso no depende de nosotros.

Mis expectativas y mi esfuerzo no pueden afectar a algo que es ajeno a mi decisión.

Lloverá igual.

Pero si mi deseo es no acabar salpicado, siempre puedo quedarme en casa y decidir que con este día no voy a salir a ninguna parte.

No hay cita que nos perturbe la vida mientras se pueda cancelar.

Castillo de cristal

Nunca había conducido antes por la autopista. Y menos con tantos kilómetros por delante.

No le tengo miedo a la velocidad. Tampoco a conducir. Pero sí a perderme.

Esa fue siempre mi gran duda: qué debería hacer si me pierdo.

Porque en ese momento pierdo la razón. Me consume la ansiedad. Tengo ideas apocalípticas. Lloro.

Es desesperación.

Y desesperada, no sé qué decisiones soy capaz de tomar.

Lo primero que hago cada vez que presiento que estoy desorientada es echar mano del teléfono.

Tengo nombres que son mapas. Y el primero de la lista, y la verdad es que creo que es el único, es el de mi hermana.

Ella me da seguridad como quien te proporciona una prótesis.

En ese momento no le cuestiono nada. Me pide algunos datos de referencia para saber dónde estoy, y después asumo sus indicaciones como verdades absolutas que no se me ocurre transgredir.

La llamo a ella porque, además de ser una persona muy sensata, me hace reír. En ese momento, no me trata como una persona adulta. Se burla de mí. La ironía es el vehículo de sus palabras, pero en ningún momento me cuestiona nada.

Solo responde. Y sabe lo que significa para mí que en todo ese tiempo ella permanezca en línea.

Si me cuelga, corro peligro de perderme. Y es la única persona que entiende esa situación a la perfección.

—Nooo. Ya lo sé. No te cuelgo. Estoy acá. Ahora haz lo que te digo.

»Gira a la derecha, sigue adelante cinco manzanas, cuando veas un árbol gigante, medio doblado, frena. Mano izquierda, a mitad de manzana, hay un cartel enorme, Lorena, tienes que verlo, y si no lo ves es porque tienes problemas de visión.

—OK, OK —es la única capacidad de respuesta que tengo en ese momento—. OK. Pero no me cuelgues.

Y no me cuelga.

Me acompaña hasta que mi respiración es pura exhalación y le digo que ya he llegado.

Algo que, supongo yo, aprendió desde que éramos niñas, cuando mamá le enseñó muy pronto que a mí había que acompañarme, porque era bastante inútil y lo más probable era que, fuera a donde fuera, me perdiera.

Y está muy bien.

Uno aprende así a cumplir preceptos externos.

Casi que perderme, con el paso de los años, se transformó en una manera de hacerle caso a mi mamá.

Así que mi hermana también cumplió con su deber y nunca me soltó la mano, aunque no estuviéramos juntas.

Por eso la llamo a ella.

Y cada vez que me hace reír cuando me toma el pelo, sé que esa es la forma en la que ella transforma el terror en un juego.

Yo me relajo. Entiendo que estoy a salvo. Eso es lo único que me importa.

Quiero que entiendan que quien está ahí no soy yo ahora. Soy yo a mis cinco años. Y con esa personalidad responden mi cuerpo y mi cabeza.

Como una cría asustada con miedo a que venga el monstruo y se la lleve.

Que me secuestre.

Que me secuestre es el temor.

A mí misma. Como quien te hace desaparecer del mundo de un soplido.

Entonces quiero que entendáis que, en ese estado, así como lo cuento, me subí al auto y lo fui a ver.

Cuatrocientos kilómetros en ese estado de insensatez espiritual. Sin música que me desconcentre. Con los ojos pegados al parabrisas y con el teléfono entre medio de las piernas.

Nunca fui tan consciente de mí misma.

Mente en blanco, absorbida por un corazón palpitando en todo el cuerpo, me hacía saber que estaba en tiempo presente.

Había estado planeando ese encuentro hacía, más o menos, un mes. Pero imaginado, lo que se dice imaginado, creo que lo hice desde siempre, desde la primera vez que lo vi.

Siento vergüenza de decir cuántos años fueron. Pero lo voy a decir: fueron siete años.

Cuento esto porque siempre recurrí al tiempo como valor de referencia para poder medir las expectativas. Segundos, minutos, horas, días, semanas, años, décadas.

En ese sentido, las mías eran imposibles de calcular con exactitud, pero el peso que tenían en mí las hacía imposibles de tumbar.

Todo lo que llevaba en ese auto, además de mi cuerpo, ansiedad, miedo, inseguridad y deseo, eran expectativas.

Casi nada.

Llegué temprano, alrededor de las dos de la tarde, de un día muy frío.

Haber llegado a una localidad situada fuera del radio de

mi ciudad era una de las metas anotadas en el listado de las cosas que quería hacer antes de morirme.

OK. Meta cumplida.

No sé si fue mi intuición o mi ansiedad nivel parvulario que, a pesar de estar ahí, en el lugar hacia el cual todo me había estado empujando durante años a hacerlo, decidí esconderme detrás de un árbol.

Lo llamé, le dije que había llegado bien, pero que iba a recorrer un poco la ciudad.

Ciudad que ya había recorrido aproximadamente todos los años toda mi vida.

Después de caminar compulsivamente por calles que conocía de memoria, y que no me interesaban en absoluto, me tomé tiempo para ir al hotel. Dejar las cosas. Darme un baño tonificante y estirarme en la cama un rato para relajarme un poco.

«¿Vas a venir?». Es una pregunta que cualquier persona adulta y en el marco de la situación en la que estábamos habría hecho. Y por supuesto que él la hizo.

Eran las diez de la noche, y yo no había salido de detrás del árbol.

«¡Sí!, como algo y voy», dije, intentando parecer relajada, mientras me secaba el pelo, me maquillaba, me ponía y sacaba ropa, zapatos, tacones, zapatillas, aros, pulseras. Todo. Después nada. Y todo diferente otra vez.

Vuelta de relojes enteros que esperaba ese día.

El miedo en cada latido.

Todo el tiempo transcurrido: una espera alimentada de fantasías.

Ambos habíamos tomado distintos rumbos que volvieron imposible hacer real lo que varias noches, días y madrugadas nos dijimos a través de incontables mails, mensajes de móvil y también de nuestras miradas, cuando nos cruzábamos en eventos inesperados.

Nos conocíamos.

Nos amábamos.

Sabíamos todo el uno del otro.

Almas gemelas, separadas al nacer por nuestras elecciones, pero que el destino hacía que nos cruzáramos de nuevo. Esas elecciones eran la única razón, entre todas las razones del mundo, que nos habían impedido estar juntos. Unidos. Concretando nuestro amor tan apasionado, tierno y perfecto.

Vidas cruzadas.

Destinos injustos.

Decisiones atravesadas.

Tarde.

Habíamos llegado tarde.

Pero ahí estábamos, por fin, los dos.

Finalmente, casi nueve horas después de estar deambulando, volví al auto y lo fui a ver.

Por supuesto que me perdí, y la opción de llamar a mi hermana no era posible en ese momento.

Fue él quien ocupó entonces la función de GPS y, después de casi cuarenta minutos de idas y venidas por diferentes puntos de la ciudad, pude verlo de pie en una esquina.

Oscura.

Ahí estaba.

Él.

Haciendo señas con la mano.

Frené el auto. Y me quedé quieta mirándolo por la ventanilla.

Cada paso que iba dando era un grano más en mi montaña de amor.

Se subió al auto. Sonrió. Me levantó la cara, que tenía metida entre las piernas, me miró a los ojos y me dijo: «¿No me vas a abrazar?».

Me acuerdo y lloro. No puedo no llorar. Siempre creí

que el amor romántico huía de mí y, sin embargo, mientras escribo estas letras, me doy cuenta de que fue todo lo que esa historia me había dado.

Llegamos a su casa. Una casa chica. Rústica. El olor a sahumerio recién prendido la convertía en un hogar.

Una mesa, un sillón y un televisor viejo que utilizaba como equipo de música eran todo su mobiliario.

Esas paredes eran el reflejo de su alma.

No necesitaba nada, porque la vida le había quitado tanto que esa fue su forma de entenderlo todo.

Amor, esa era la palabra que lo definía.

No tenía títulos, dinero ni cosas materiales.

No se distinguía por ser un hombre ambicioso ni nada de eso.

Era hermoso. Siempre fue hermoso, y seguramente lo sigue siendo ahora.

Manejaba un lenguaje que yo entendía a la perfección.

El lenguaje de aquellos a los que la vida abandona un poco y, a fuerza de subsistencia, les da la sensibilidad como tesoro.

Su vulnerabilidad afectiva me enloquecía.

Podía contarle todo lo que mi mundo interno me pedía que contara, porque él tenía una capacidad de escuchar y un nivel de intuición que yo no había conocido en mi vida.

Sin duda, era el hombre de mi vida. Ese que yo elegía para compartir mi vida entera. Una vida que nunca tuve la fortaleza de vivir como él lo hacía.

Libre. Despojado. Austero.

Despegado de todas las cadenas de preceptos sociales y familiares que a mí me ataban.

Por supuesto que sus cadenas se llamaban de otro modo, y que las consecuencias que le trajeron lo habían puesto al borde la muerte más de cien veces. Pero en algún sentido creo que también amaba eso.

No sus ataduras. Sino la posibilidad de enseñarle a vivir sin ellas.

Yo sabía que podíamos complementar nuestras carencias.

Lo sabía.

O eso creía.

Ahí estábamos los dos.

Cara a cara.

Cuerpo a cuerpo.

Oliéndonos, besándonos, abrazándonos, hablándonos a la boca la noche entera.

Diciéndonoslo todo.

Riéndonos todo.

Llorándonos todo.

Hicimos el amor por primera vez. Y por segunda. Y por tercera.

Nos quedamos dormidos abrazados como siameses y no nos separamos durante dos días enteros.

Lo tenía todo.

El amor, el silencio, la libertad, la cabaña, el ruido del mar, la música de fondo, mis manos junto a las suyas coloreando los mismos cuadernos de mandalas que le había llevado de regalo.

Todo.

Lo tenía todo.

El mate en cuanto abría los ojos.

El olor a sahumerio.

El beso en la frente que me dormía.

El beso en la frente que me despertaba.

Sus abrazos eran cuevas donde me acunaba y me protegía del frío mirando las olas del mar.

Por Dios que yo sentía en el pecho que estaba cumpliendo un sueño universal.

El mío y el de todos mis ancestros.

No solo eso.

El sueño de cualquier mujer que haya leído cualquier cuento de hadas.

Era feliz.

Toqué la felicidad con las manos.

A cualquiera que me replique que eso es imposible le hago la guerra.

Yo toqué la felicidad.

Creer o reventar, pero yo la toqué.

A los dos días decidimos ir a buscar la maleta que había quedado en el hotel.

No tenía muchos días más para estar junto a Peter Pan, porque las obligaciones de la vida que yo había construido me exigían que regresara.

Solo me quedaban dos días para terminar de disfrutar mi sueño renovándose y cumpliéndose minuto a minuto.

Fuimos al hotel, y mientras él me dejaba en la habitación para que hiciera mis cosas tranquila, aprovechó para ir a una visita que tenía concertada con el médico.

—En una hora vuelvo, mi amor.

—Vale. Perfecto. Te espero abajo.

Y un beso culminó nuestra despedida.

Los dos cumplimos nuestra palabra y, con la bolsa de viaje en el maletero, volvimos al castillo de cristal.

Y no miento cuando digo de cristal, porque todavía no sé qué parte fue la que toqué, pero se ve que no era la indicada.

Hablamos poco en el auto, y recuerdo que el tema de conversación giraba en torno de su preocupación por mi regreso a casa.

Decía algo así como acompañarme. Venirse conmigo, y luego volverse en autocar.

No lo sé.

Ya no lo sé.

Solo sé que entramos en el castillo y el silencio le invadió la cara.

No solo era silencio. También era tristeza. Angustia, desolación.

Todo eso en menos de un minuto.

Explotó un vidrio.

Y después el otro.

Y el otro.

Y el otro.

Y miles de vidrios empezaron a estallar por el aire, hasta terminar por derrumbarlo todo.

Cuando digo todo, quiero decir todo.

Tres años han transcurrido desde esa masacre, y nunca pude saber qué fue lo que pasó.

Por supuesto que dijo un par de palabras que de ninguna manera eran lo suficientemente potentes como para encontrarle un motivo a semejante asesinato. De hecho, no las recuerdo.

Y no las recuerdo porque no las estaba escuchando.

Ninguna de las razones que me estaba dando me importaba, mientras lloraba sin llorar, como para tener intención de comprender la causa de la muerte que estaba intentando darme, como si fuera un parte médico confuso.

Lo que sí recuerdo es que su explicación tenía un inicio, un nudo y un desenlace relatado con la fuerza que tiene la decisión tomada desde la resignación. Desde el cansancio. Desde la incapacidad de un corazón roto.

Él estaba abatido, como aquel que sabe que se le terminaron todas las posibilidades de intentarlo: no tenía fuerza. Estaba rendido.

Y yo, abrumada con semejante violencia, casi sin intenciones de indagar demasiado para no confundir de ninguna manera preguntar con intentar convencer, me declaré sorda.

No quería escuchar.

No me importaba escuchar.

Lo único que quería era volver detrás de mi árbol.

Lo despedí en amor.

Me despidió en amor.

—Te amo.

—Yo también te amo.

—¿Por qué no me lo dijiste antes?

—¿Por qué me dejaste venir? —le pregunté mientras me cubría la cara contra su pecho.

—No sabía que iba a pasar esto. No quiero que veas lo peor. No te lo mereces. Perdóname.

—Te perdono.

Nos abrazamos con el mismo amor con el que nos habíamos encontrado hacía apenas dos días en ese hermoso castillo de mi cuento de hadas.

Sonaban de fondo las mismas canciones que durante años te encargaste de elegir una por una, según la ocasión por la que estábamos pasando en cada momento de ese idilio, para hacérmelas llegar, y así, hacerme saber que éramos dos construyendo este imperio.

Nos repetimos las mismas palabras que nos dijimos durante todos los años que nos amamos en silencio.

El amor intacto.

El deseo encendido.

El presente perfecto.

Y un futuro muerto.

Lo había matado todo.

Pero no es de él de quien quiero hablar. Ni tampoco de mí.

Realmente nací para no juzgar a nadie, y en ese momento lo estaba demostrando de manera inevitable.

No cuestioné ni una de esas palabras que iban cayendo como un gotero sobre los cristales y los destruía sin piedad.

No dije nada.

Y no por sumisa.

Si hay algo que no me caracteriza es la pasividad frente a las emociones.

Podría haberlo dicho todo. Todo lo que hubiera querido en ese momento, porque yo soy dueña de las palabras. Así me siento frente al lenguaje y sus posibilidades inconmensurables: dueña.

Pude haber dicho, preguntado, cuestionado, gritado, llorado, implorado, pedido, incluso matado a quien tenía delante, porque los dos sabíamos que tenía la impunidad y el derecho de hacerlo, todo a mi favor.

Pero no quise hacerlo.

Ya me había matado. Todo lo que pudiera surgir a partir de ahí iba a ser mi fantasma hablando por mí.

Por eso me fui.

Lo que quedaba de mí lo abrazó, y me fui.

Del castillo. De castillo de cristal quiero hablar.

Del tiempo dedicado a construirlo.

De la cantidad de emociones invertidas, reforzadas, alimentadas que había puesto allí.

De las horas incontables que empleé en estar conectada con este amor perfecto, como rasgo inevitable de todas las fantasías del mundo, mientras que la vida iba transcurriendo despacito y sin parar por mi lado.

Los cumpleaños, las fechas especiales, los encuentros con amigas, las reuniones de trabajo, los sueños que soñaba, las noches sin dormir, todo, todo ese tiempo al servicio de levantar una enorme y perfecta mansión, que en un soplido había desaparecido.

Es el castillo lo que me dolía en el pecho.

No él. No yo.

Ni siquiera me quejaba de la ruptura de la palabra «nosotros».

El castillo.

Era el castillo lo que no me perdonaba.

El viaje de regreso a casa fue muy distinto del de ida.

Lo primero que hice fue apagar el teléfono móvil. Estaba segura de que él me iba a llamar para asegurarse de que estaba viajando bien y, así, empezar a construir el siguiente castillo.

No por maldad.

Realmente había dejado a alguien que estaba en el suelo. Muy lejos del lugar donde lo supe ver alguna vez.

Me iba a llamar porque ese castillo que tanto tiempo nos había llevado construir fue la motivación que tuvimos para seguir caminando por senderos que no nos satisfacían. Era la promesa de un paraíso pendiente y posible lo que nos había permitido seguir arrastrando nuestras vidas.

Éramos la recompensa al final del camino. Por eso valía la pena todo lo que íbamos sumando a un amor que hasta entonces solo habíamos conocido en el plano de lo imaginario.

Un perfecto amor platónico que se derrumba cuando intenta cumplirse.

Mi viaje de regreso a casa duró dos horas y media.

El miedo, la ansiedad, mis expectativas, la preocupación y el nombre de todos mis fantasmas habían sido devorados por la realidad.

Mil preguntas le hacía al volante mientras lo golpeaba sin piedad.

¿Qué ha pasado todo este tiempo conmigo?

¿Cómo no lo vi?

¿Cómo he perdido lo más valioso que tengo escudada por el teléfono, alimentando una historia que nunca, pero nunca había puesto a prueba en la realidad?

¿Por qué no me había animado a destruir la fantasía mucho tiempo antes?

¿Acaso tan desgraciada era mi vida como para haberme dejado llevar por un cuento de hadas que estaba escrito solo en la imaginación desesperada de dos estúpidos que intentaban zafarse como fuera de la vida que estaban eligiendo?

No sentía culpa. No estaba arrepentida.

Tampoco sentía dolor.

No estaba triste. Ni angustiada. Ni desolada.

Peor que todo eso.

Estaba ausente de mí.

Era la primera vez en todo este tiempo que fui consciente de la ausencia de mi nombre habitando mi cuerpo.

¿Dónde has estado, Lorena?

¿Cómo pude irme de mí tanto tiempo?

¿Cómo es posible que no hubiera podido afrontar la vida sin recurrir a castillos en el aire, que claramente un día iban a explotar como burbujas?

Y no porque hubiera gente mala con alfileres esperando el momento indicado.

No, claro que no.

Iban a explotar porque explotar era parte inevitable de su esencia.

Las burbujas un día explotan. Ese es el sentido de sus vidas: explotar.

Todo aquello que existe en la fantasía sirve como fuerza, como motivación para su realización, pero no se puede tocar.

No se huele. No se palpa. No se abraza.

Las fantasías solo viven mientras se fantasean a sí mismas.

No están para ser cumplidas.

Están para ser deseadas. No para ser llevadas al plano de lo real.

Y eso era lo que yo debería haber hecho muchísimo tiempo atrás.

Intentarlo.

Como cada uno de los sueños que me impulsan a seguir viviendo.

Intentarlo.

Llevarlo a cabo una vez que la convicción de querer que se cumpla produzca metástasis en todas las células de mi cuerpo; el paso siguiente tiene que ser la realización.

Poner el deseo a prueba.

Actuar, carajo.

¿Cómo no desperté antes, por favor? ¿Cómo me permití vivir tantos años durmiendo, solo a cambio de tener carita de contenta? ¿Quién me iba a devolver todos esos años que estuve dormida?

No era la conciencia moral la que me hablaba.

Era yo misma en primera persona.

Mi parte más consciente.

La más adulta.

La más coherente.

La que era capaz de conducir los mismos kilómetros de regreso sin necesitar un mapa que guiara mis pasos para saber a dónde tenía que llegar.

Por supuesto que, en medio de tanto reproche, recordaba que aquellos momentos que nos tenían separados se debían a la imposibilidad real de encontrarnos. Pero, entonces, ¿no habría sido más sano esperar el momento oportuno para empezar a pensar en un futuro juntos?

¿No era más prudente esperar a que hubiera tierra fértil para dedicarnos a construir?

Dejarlo en un paréntesis.

Reposar.

Esperar.

O quizá, y con todo el dolor del mundo, ¿dejarlo pasar?

¿Acaso todo esto no era peor?

¿Qué problema hay con la aceptación de lo imposible, de aquello que no se puede concretar y asumir, que en ese mientras tanto, que quizá dure una vida entera, hay que ser capaz de seguir hacia delante, construyendo vidas y no castillos de cristal?

¿Qué problema hay con construir hacia dentro, y no hacia fuera, castillos de ladrillo, revestidos en madera maciza, que no puedan ser derribados por el viento, por el agua o por el fuego?

¿Por qué uno no se empeña en construir cosas posibles y no distracciones que explotan en el aire como cañitas voladoras y dejan solo olor a humo?

¿Qué pasa?

¿Qué nos pasa con la realidad?

Llegué a mi casa y abrí la puerta con la furia de un huracán.

Cualquiera que me hubiera visto habría dado por sentado que romper una taza, o al menos patear la maleta o soltar un grito, era lo más atinado en ese momento.

Pero ser atinada no es lo mío.

Me senté en el sillón. Agaché la cabeza y, mientras la iba empujando con la presión de mis manos en el cuello, respiré.

Respiré.

Me quedé un rato largo ahí abajo.

Pensaba, mientras hacía mi contorsión, que era el momento de que la sangre volviera a la cabeza, un lugar que había abandonado durante tantos años.

Lo pensaba y, mientras respiraba, sonreía.

La respiración se transformó en un soplido profundo y eterno que no hizo más que desinflar un globo inmenso lleno de aire.

Lo sentí como si se tratara de un proceso químico, cómo salía el dióxido de carbono de mi cuerpo y empezaba a oxigenarse con el aire de la verdad.

A pesar de la calma y el proceso de desintoxicación que estaba iniciando, no se parecía en nada a una clase de yoga. Estaba atravesando un momento interno bastante complicado.

Destruido el castillo, era el comienzo de la rabia.

Rabia que intenté dibujar construyendo castillos en el aire.

¿Que si lo quise?

A pesar de que hasta hoy lo recuerdo y me late el corazón a mil por hora y se me dibuja una sonrisa en la cara, creo que no voy a poder contestar nunca esa pregunta.

En definitiva, lo único que conocí de él fue el castillo donde vivía.

Esa vida que, desde el día que desapareció el castillo de cristal, no tuvo otra que volver a despertar. En cuanto a él, no sé si existe. Supongo que no. Porque, junto con el castillo, esa fue la última vez que lo vi.

Hablamos muy de vez en cuando. Para ser honesta, no se le parece en nada a todo lo hermoso que adjudiqué en razón de lo que iba necesitando durante tanto tiempo.

Al fin y al cabo, así funciona la idealización.

Ese hermoso espejismo que nos sirve de anestésico frente a las frustraciones inevitables de la vida.

En esos espacios mágicos, uno es, hace y tiene todo lo que desea. Pero como toda magia, se rompe con un solo golpecito: la realidad.

Y eso fue lo que aprendí de toda esta historia, cuando pude identificar el patrón tan recurrente en mi vida: evadir la realidad.

Y no me refiero solo al plano del amor. Los patrones vinculares se repiten en varias aristas de nuestra vida. Solo que de manera diferente según la ocasión.

Hace años que no construyo castillos en el aire.

Y cuando me veo intentando repetir la fórmula del error, pongo a prueba mi aprendizaje: lo llevo a la realidad de manera inmediata.

Nunca más esperé el momento oportuno para ver si funcionaba. Lo hacía aparecer.

Si se destruye, claro que me desilusiono, pero entonces recuerdo el pasado, resignifico la pena de lo vivido y agradezco mucho esa patada en la cabeza, porque fue la que me hizo conocer lo valioso de vivir en la verdad.

¿Valió la pena el golpe?

Siempre vale la pena despertar.

96

Mi defensa

Tu ataque construyó mi calma.

Nunca aparté la mano cada vez que intentabas darme un mordisco.

Tampoco quise mostrarte mis dientes.

Ni pedirte por favor que me dejaras en paz.

Me dejé morder, y no porque me gustara el dolor.

Me dejé morder, y no porque no hubiera podido apartar el brazo.

Me dejé morder porque pude darme cuenta de que cada vez que tu veneno se clavaba en mi piel resbalaba.

Fuiste creando poco a poco, con ira y resentimiento, una capa de anticuerpos en mí que me hicieron inmune ante esa parte de la humanidad que tanto detesto.

Entonces pude entender y devolver con mucha gratitud tus intentos de minarme un camino que pensabas disfrutar cuando me vieras caer.

Pero no caí. Crecí.

Por supuesto que comprendo perfectamente cuál es tu estrategia para lastimar a la gente. Te vi hacérselo a otros que no supieron cómo responder.

Y supongo que eso te hizo creer que podías alzar la medalla de oro y pegarla en tu frente para mirarte al espejo cada vez que te levantaras, y sentirte brillar al ver en tu reflejo un virus imposible de parar.

¿No?

Se ve que no.

Nunca entró en tus cálculos que algunos nos hacemos resilientes gracias a estos ataques.

Y ese fue mi caso.

Me fui dando cuenta de cómo, de manera inevitable, mi autoestima ganaba integridad al verte caminar por una vereda que no querría intentar transitar jamás.

Me hiciste fuerte.

Inquebrantable.

No puedo defenderme de tus agresiones a gritos.

No me interesa ser contestataria.

No me importa dejar el brazo al alcance de tu boca.

No tengo nada que decirte.

Solo estoy agradecida, en mi silencio más profundo, porque tampoco quiero que sucumbas cuando entiendas que tus intentos no solo fueron un fracaso, sino el mejor alimento para el crecimiento de mi alma.

Me hice fuerte en tu maldad.

En tus falsas acusaciones.

En la película que te construiste para poder entender por qué alguien sí y tú no.

En tus delirios sistematizados en los que te crees el blanco de los que no pueden quererte por más maniobras manipulativas que fabriques.

Y casi como el principio de un cuento nuevo y hermoso, quererme se construyó en mi mayor defensa.

Porque quererse da seguridad.

La seguridad que uno necesita para confiar en la potencia de su esencia y saber que, solo si somos vulnerables, los poros de nuestra piel se abren como se abren las hojas de las plantas en primavera. Y es ahí donde tiene lugar todo el amor, la belleza, la bondad y la mirada tierna de quienes te cuidan.

Tu rencor no puede pasar y lastimar.

Me diste inmunidad.

Y nadie que esté inmune puede morir de tu enfermedad.

97

No estoy en adopción

Eran las doce de la noche antes del día del Padre. Solíamos llamarnos siempre, ante cada aniversario familiar, en cuanto el primer segundo marcaba que era el momento.

Pero tú no estabas.

Preparé, con un entusiasmo sospechoso, un collage al padre de mis hijos, busqué una canción adecuada para su festejo y les hice grabar un par de audios con un breve mensaje de amor a cada uno de ellos.

00.01: le envié todo eso a su teléfono.

Como si estuviera vomitando un festejo que no me pertenecía, irrumpiendo en una fiesta en la que no me estaban esperando.

Quería sentir esa emoción un poco de prestado.

Recibí por respuesta un desafortunado «Jajaja. Gracias, mañana los paso a buscar» imposible de contestar. Y digo recibí porque los niños estaban viendo una película, ya con la satisfacción del deber cumplido.

Con la última gota de esperanza que me quedaba, hice otro intento y le escribí a Mariano.

«¡Feliz día! ¡Disfruta mucho! Un beso al niño y otro para tu papá. ¡¡¡¡Os quiero un montón!!!!».

Los signos de admiración eran mucho más que las palabras del mensaje. Supongo que estaba intentando compensar mi incipiente estado de angustia a punto de estallar.

Su respuesta fue mucho más contundente y afectuosa.

Él sabía que estaba a punto de lloverme entera.

Lo intentó. Al menos lo intentó, y en su respuesta me juró, a modo de recompensa, que su papá había preguntado por mí hacía un rato.

«Mi papá ha preguntado por ti, Lore. Te lo juro.

»Mañana le digo que te llame».

Pero no bastó.

Esos festejos no eran míos.

Me dormí abrazada a los niños. Uno de cada lado me hacían sentir que era imposible que me fuera a caer por completo.

Y esperé. Intentando, en cada nuevo saludo, ver si tenía un poco de suerte y era capaz de recibir tu voz como respuesta.

Tus palabras.

Lo que me habrías dicho.

Tu alegría.

Tu correspondencia.

Fueron todos intentos fallidos.

Fracasos amorosos.

Te juro que habría saludado a todos los padres del mundo, uno por uno, si eso me garantizaba que, en algún lugar, alguien iba a albergar el sentimiento que se tiene hacia una hija. Porque no cualquiera, papá, colma esas expectativas. No cualquiera.

Pero, por si acaso, lo intenté.

Cuando los niños se fueron, preparé unos mates, apoyé tu foto en la mesita del televisor y prendí una vela blanca.

Me senté frente a ti y, antes de empezar a hablar, te miré y no aguanté más.

Te besé. Te besé. Tanto te besé.

Los ojos inundados mojaron toda la foto. Pero tu sonrisa no se iba. Y tu mirada ni siquiera estaba empañada. Estabas ahí.

Con calma.

Diciendo lo que nunca nadie en el mundo iba a decir nunca más.

«Gracias, mi muñeca hermosa, levántate y deja que te abrace. Vamos.

»Para ya, que me haces llorar».

Ese eras tú.

Era tu idioma.

Era lo que al menos uno de todos esos padres debió haberme dicho pero no pudo.

No son tú.

No me abrazan.

No me aman.

No me miran.

No me cuidan.

Al menos no como un padre lo hace con su hija.

Nadie me invitó a su festejo.

Sentí la orfandad del mundo y no la tuya puesto que, al fin y al cabo, eres el único muerto en esta historia.

Era tan oceánico el sentimiento que no tenía a quién reprochar semejante vacío.

¿Qué podían hacer ellos en su sano juicio y en reconocimiento de mi estado de vulnerabilidad afectiva más que disculparse por no ser un padre disponible para que yo pueda disfrutar del día?

Me tomé unos mates contigo. Intenté empezar a contarte algunas novedades.

Tuve la intención de pedirte un par de favores. De agradecerte la mano que estás moviendo desde donde estés.

Pero todo se evaporó cuando apoyé el mate y puse tu foto en mi pecho.

Sabes todo lo que voy a decir.

No tengo que pronunciar una sola letra.

Habitas mi alma y me recorres entera, todas las emociones y todos los pensamientos.

Conoces al detalle mis sueños.

Lo que me duele.

Lo que está sanando.

Vives dentro de mí.

No tenía sentido decir una sola palabra.

El encuentro fue solo de miradas. De sonrisas. De volver a escuchar tu voz con cada lágrima que iba cayendo.

Tengo que dejar de buscarte, papá. Porque voy a fracasar de manera inevitable.

Y esos fracasos me golpean.

Me hacen sentir no querida.

Y quizá no sea así.

Quizá ellos me quieran.

Pero de forma distinta.

Quizá tan solo pueden quererme como un hombre común es capaz de querer a una mujer común.

No a una hija.

Ellos no son padres.

Y yo no estoy en adopción.

Eso es lo que tengo que entender.

No estoy en adopción.

Qué manera tan terrible de cometer una traición en nombre del desamparo.

Qué manera tan oscura de buscar amor.

Como si no lo tuviera.

Como si no me lo dieras.

Como si no me lo enseñaras en cada respiro.

Qué ingrata que soy, papá.

Qué ingrata que soy.

Te tengo.

Acá te tengo.

Feliz día, papá.

Dame la mano para levantarme y perdóname por hacerte llorar.

98

Me até las manos

Me até las manos para no escribirte.

Estoy desesperada por contarte lo sola que me siento.

Soy huérfana de abrazos.

Miro hacia arriba y lo único que veo es el techo. A mi lado tampoco hay nadie. Abajo, ellos. Esperando que los cuide.

No puedo huir de la responsabilidad de amarlos a pesar de no ser amada.

Me estoy mordiendo la lengua para no llamarte y pedirte que me expliques si a ti también te duele el mundo como a mí.

Fuera todo está complicado. Veo gente que se acomoda en la enfermedad. Que negocia con su salud porque no busca una salida real.

Veo gente automatizada.

Que no mira a los lados.

Que se lamenta de todo como parte inevitable de su cotidianeidad.

Presos. Estamos todos presos pensando que somos libres en nuestras propias jaulas.

Y llego a casa y tú no estás para abrirme la puerta. Y cada cena me recuerda que estoy comiendo de pie, porque sentarme implica darme de cuenta de que la mesa es enorme. La casa es luminosa, pero yo corro las cortinas porque no hace falta tanta luz para mí sola.

Estoy con la lengua atada y las manos atragantadas para no llamarte y darme cuenta de que el número que marco siempre da señal de comunicar. Porque estás, sé que estás ahí, en un universo paralelo que a veces forma parte de lo que me da dolor de cabeza.

Estás en otra. Con otra. Por otra.

Entonces duermo.

Duermo mucho.

Por ahora es la única forma que tengo de irme. De apagar el deseo de buscarte y evitar otra vez chocarme de frente contra la soledad.

Vi cómo mi amigo quiere a su mujer. Cómo la mira. Cómo me habla de ella. Cómo la cuida. Y confirmo que todavía hay gente que ama. Que no miente. Que no traiciona. Entonces me imagino en ese lugar. Y deposito la ansiedad en la esperanza de que algún día me miren así.

Me duele la cabeza.

Dormir tanto me da más ganas de dormir.

Fuera hace mal tiempo.

Me ato las manos para no escribirte.

No quiero recaer.

No voy a recaer.

Sé lo que se siente la ausencia de tu presencia.

Tengo las manos atadas.

Me duele el mundo.

Y por primera vez me doy cuenta de que tú también vives ahí.

Como todos ellos.

Por favor

Los únicos cambios reales son aquellos que te introducen en un escenario distinto. Son los que están motivados por la resignación del precio que se tiene que pagar sí o sí para dejar el estado anterior.

Sin coste no hay cambio.

Y quien no esté dispuesto a asumir eso que tiene que soportar, deberá volver hacia atrás como un alma en pena sin entender qué ha sido lo que fracasó.

Pasó esto: quiere algo diferente, pero no quiso pagar lo que vale.

Quien no paga debe algo. Y, muchas veces, eso que debe es un montón.

No cualquiera se entrega a la abstinencia de no tener el objeto de amor al lado, aunque lo esté destruyendo.

A veces, uno siente que golpea más la abstinencia que la destrucción emocional.

Por favor.

Dichosos

Dichosos los que se van mientras se están yendo. Esos que, después de luchar desde dentro, se retiran sin pretender llevarse la autoestima del otro de trofeo.

Dichosos aquellos que se van por la misma rendija por la que entraron. Un día deciden cerrarla con un golpe que clausure todas las ventanas y no se filtre un aire de esperanza para el que permanece al otro lado de la puerta, esperando.

Dichosos los que no necesitan plantar la duda en aquel que todavía se aferra a una ilusión mentirosa por miedo a afrontar la soledad.

Un aplauso para esos que, sabiendo que no van a volver, no dejan confusiones como plumas en el suelo para gozar viendo cómo alguien se arrastra para juntarlas.

Un reconocimiento para esos que se retiran diciendo «He dejado de amarte», y no retrasan un duelo que necesita ser vivido para volver a la vida transformados.

Dichosos esos que se van y no se quedan con un amor que no pueden corresponder, como un guiño a su narcisismo, a cambio de ver cómo el otro se va desnutriendo a pedazos y a gritos.

Dichosos los que dicen la verdad.

Los que se van con las manos vacías.

Los que tienen el valor suficiente para cerrar la maleta, tragarse la llave y no dejarla de señuelo en rincones de la casa para que el abandonado intente descubrir el escondite.

Dichosos los que pueden irse con la gratitud de saber que no se llevan más que un pasado que les dio mucho, y que ese mucho fue tanto que no se permitirían robarle un minuto de futuro a quien no se lo merece.

Dichosos los que viven y dejan vivir.

Los que no se dejan seducir por la lástima que el lastimado pone, como manotazo de ahogado, encima de la mesa.

Dichoso el que sabe irse diciendo que no va a volver, dejando al otro con las lágrimas que tiene que derramar para después poder volar en libertad.

Dichosos los que se animan a querer bien.

Los que se van cuando saben perfectamente que ya no tienen nada bueno para dar.

101

No quiero ser un ángel

Después de algunos años me volvió a llamar.

—No puedo hablar. Estoy con miedo. Me da mucha vergüenza lo que pasó, perdóname, voy a explicártelo.

—¿Enojada? ¿Miedo? ¿Vergüenza? Por favor. No fue para tanto, somos humanos. Todos cometemos errores. Somos eso: humanos.

Pero su respuesta me fue directa a la yugular.

—Ni se te ocurra volver a decir que eres humana, ¿entiendes? No te confundas.

Asumo que me quedé un tanto impresionada con la respuesta. Intenté contestar pero no pude.

Permanecí callada. Después de mi silencio, siguieron una cadena de afirmaciones que dieron origen a un collar muy pesado que me presionaba el cuello con cada eslabón que se le sumaba.

«Tú no eres humana».

«Tú eres un ángel».

«Un ángel de la guarda».

«No eres de este mundo».

Y mientras las lágrimas me temblaban en la boca, me volvió a decir que ni se me ocurriera repetir que soy humana.

Como si esa frase me sumiera en la peor de las tragedias del siglo: ser parte de la humanidad.

Por supuesto, que mientras él me dejaba con sus palabras

fuera del planeta Tierra, hice lo primero que aprendí a hacer cuando salí de la panza de mi mamá: llorar.

Yo siempre lloro. Es una herramienta que me resuelve casi todas las emociones de una forma eficaz.

Sé que tu apreciación fue un cumplido. Un halago.

Un intento de decirme todo lo que me quieres y cuánto sientes que me debes.

Lo sé. Lo he oído muchas veces en mi vida.

Pero yo quiero explicarte a ti y a todos los demás que quisieron tildarme de santa que tu comentario me hizo mucho daño.

Mucho daño.

Yo vivo acá, en este mundo. A tu lado. De todos ellos. Por tanto, de manera inevitable, formo parte de la palabra «nosotros».

Estoy tratando todos los días de mi vida de aceptar las fisuras de un mundo complicado como parte inevitable de la realidad.

Una lucha que me cuesta muchísimo. Por supuesto que esas fisuras le duelen a mi vulnerabilidad, una y otra vez, pero estoy haciéndoles frente.

Haciéndome fuerte.

Necesito quitarme este vestido de cristal de una vez por todas sin sentir que camino al lado de dragones capaces de prenderme fuego el alma cada vez que intento volver a creer.

No me hace bien que creas que soy un ángel que convive con lobos hambrientos, porque eso me lleva a pensar que no sé dónde estoy pisando.

Que no sé quién me está pisando.

Que no sé a quién estoy pisando.

Yo soy humana.

Intentando sanar, y la única fórmula que tengo es el aprendizaje.

No es la santidad. Ni la magia divina.

Yo aprendo de mis fallas, y no de las tuyas.

De mis errores, y no de los tuyos.

De mis infiernos, y no de los ajenos.

De mis fracasos, y no de los que no conozco.

Soy una persona que intenta ser mejor humana. Y no creas que no me cuesta. Es un trabajo diario que me obliga a mantenerme despierta y consciente de mi propia piel.

Pero yo también quemo.

Hice muchas cosas mal y las volveré a hacer porque soy humana.

Entiendo que veas algunos valores en mí, en oposición a muchos otros que nos rodean, y entonces aparezcan sobrevalorados en el mapa de la vida. Pero no me hace bien saber eso.

Al contrario.

Eso hace que me quiera ir a vivir al mundo al que tú me quieres mandar y donde durante mucho tiempo me refugié.

Y así, creyendo que ese otro lugar existe, me convertí en zombi alucinando cómo lograr montarme en esa nave espacial.

Y fui herida.

Y fui dolor.

Y fui tristeza.

A tal punto que ya no sabía quién era yo.

Años de trabajo interior me dejaron sobreseída del mismo pensamiento que el tuyo. «Yo no soy de acá».

Entonces, irme fue durante años la única opción.

¿A dónde?

Fuera del mundo.

¿Dónde queda eso?

En las fantasías.

¿Cómo se llega hasta ahí?

Cerrando los ojos, la boca y volviéndote sorda.

Pero pude salir de mi adicción al mundo fantástico con todo el esfuerzo que implica el proceso de la aceptación.

Asumiendo que el peso de las injusticias, los huecos que me dejaron algunos abandonos, que tocarme las alas bastantes rotas, producto de todos los golpes que me di, que me dieron y que también di, son parte de la realidad.

Nada fue gratuito.

Solo intento aprender.

Evolucionar.

Ser mejor.

A veces me sale bien, y cuando me sale mal, me hago cargo y trato de repararlo.

Pero no me digas que no soy de acá.

Porque acá estoy, tratando de vivir.

Y hay días que se me hace cuesta arriba.

No me empujes a creer que la luz que ves en mí es producto de la oscuridad que te tocó pasar, porque si se trata de eso seguramente me toque un poco de la factura de la responsabilidad.

No quiero seguir caminando por senderos alternativos. Porque a veces me acostumbro, y cuando escucho los pasos de un desconocido que se acerca, tengo miedo.

Y me escondo.

Miro con desconfianza.

No le creo.

Me cuido.

Me cubro.

Me cierro.

Me voy.

Yo no quiero ser un ángel. No estoy peleando por la medalla de la no humanidad.

Y si eso sigue pasando, acabaré por creer que este no es el camino.

Que irme vuelve a ser la única posibilidad.

Y elegir quedarme es mi lucha diaria.
Fortalecerme y quedarme.
Y para que eso pase, tengo que ser humana.
Tremendamente humana.
Como tú, como ellos, como todos.
No hay otro mundo.
No me lo digas más.
No me lo digáis más.
Existe este mundo.
Y acá es donde me toca aprender a caminar.

102

No quiero menos

Ayer por la tarde abrí un cajón en el que tenía cosas guardadas de mi mamá.

Pulseras, anillos, collares.

Mientras separaba un poco la nostalgia de la melancolía, encontré dos cuadernos pequeños.

Marrones. Eran marrones.

Cada uno tenía los nombres de mis papás grabados en el cuero lleno de arrugas.

No te imaginas lo que eran. Si los ves, te mueres.

Hermosos, muy de la época.

Dentro había escritos de mi mamá hacia mi papá y viceversa. Se escribían desde que eran adolescentes. No sé. Catorce o quince años debían de tener.

No mucho más.

Pero tendrías que ver la madurez con la que se decían las cosas. Una historia de amor que hoy no existe.

No existe y, sin embargo, todavía espero.

Me di permiso para leer solo dos textos de cada uno porque sentía que les estaba faltando al respeto. Pero además empecé a experimentar una conmoción interna, así que decidí cerrar los cuadernos para no ahogarme.

La lluvia y la maldición de los domingos eran leña para mi árbol caído.

Sabes perfectamente que hace años que estoy sola. Pero una cosa es estar sola porque te declaras en soltería elegida, y otra muy distinta es estar sola a la expectativa de que llegue un amor que replique el de ellos.

Los quiero en mí.

Pero hoy no existen esas historias.

Por lo menos no las vi. No las escuché. No las toqué.

Ese amor no existe. Y justo ese es el que quiero.

Cerré el cajón intentando cerrar la orfandad de un golpe. Pero la pureza de ese amor se quedó conmigo.

Se amaban.

Se respetaban.

Se protegían.

Y no tenían reparos en hacérselo saber el uno al otro.

Pronunciar el amor que se tenían era la parte más sana de la historia.

No les movía otra intención que la calma de saber lo que cada uno sentía por el otro.

Y yo estoy sola.

Y seguiré sola.

Y me declaro sola, en mi sano juicio, hasta el fin de los tiempos.

Me declaro sola porque el amor que conozco y me vio crecer es todo lo que busco.

Prefiero esperarlo: conozco sus frutos.

No me conformo con menos.

No quiero uno parecido.

Quiero mi cuaderno marrón al lado del suyo. Ver mi nombre grabado y que al abrirlo pueda tocar la caricia de saber que en mi vida yo también pude vivir un amor como el de ellos.

No cualquier amor.

Tú me entiendes porque somos espejo.

Ese amor.

Ese.

Amor.

103

Mi única perdición

Ayer recaí otra vez.

A menudo siento que la solidaridad desmedida tiene el mismo efecto en mí que el lenguaje.

La palabra me estructura como ser humano. Me nombra. Me conmueve y ratifica mi lugar en el mundo cuando puedo hacerla salir de la boca y materializarla en el papel.

En una conversación.

En un espejo.

Con la solidaridad me pasa lo mismo.

Siento una adrenalina bombeando fuerte en todo el cuerpo que necesita ser descargada.

Desagotada.

Si yo fuese una moneda, de un lado tendría palabras, y del otro, la necesidad imperiosa de dar.

La diferencia entre ambas caras es que una es limpia y la otra es sospechosa.

Y digo «es», queriendo decir «era», porque gracias a muchas herramientas personales, que no vienen al caso, pude desvelar el misterio.

Me hace fuerte que me pidas.

Me da identidad saber que puedo ayudarte.

Me dignifica que pienses en mí para deshacerte de los problemas que en el agobio de tu vida parecen no tener solución.

Es un panorama en el que puedo lucirme.

En tu oscuridad me veo un poco mejor.

En medio de tu calvario aparezco yo.

Con el disfraz de la mujer maravilla.

Mostrándome capaz de resolver lo que tú tienes que resolver.

La gracia está en que yo disfruto poniéndote el pez en la boca y no en darte la caña para enseñarte a pescar.

No es altruismo. Es carencia que busca ser compensada.

Y es en tu falta donde encuentro esa compensación.

Necesito que se me computen méritos.

Y esta es mi trampa.

Mi autoengaño.

Mi mentira.

Mi adicción.

Hace un tiempo me había comprometido conmigo misma a no hacer más esfuerzos para que me quieran.

No dar en exceso para que me necesiten.

No buscar empoderarme levantando la mano frente a tristezas ajenas.

Pero ayer el día fue difícil.

Domingo, encierro, silencio y vacío golpeaban la puerta de mi pecho, pidiendo algo para comer.

Busqué la forma de convencerme de que esta vez era diferente, y cuando dije «Yo te ayudo» sentí una angustia profunda.

Había recaído.

El bajón del adicto.

Esa soledad con la que se encuentra cuando la sustancia ya dejó de ser consumida y el efecto que deja es el de la realidad.

Doy para recibir.

Y ese es mi patrón de repetición.

Lo hago de forma silenciosa.

Nadie sabe de este chantaje muy consciente.

Solo lo sé yo, y eso debería ser suficiente.

Pero ayer no pude zafarme.

Ya no sabía cómo ni qué más darte para demostrar que valgo un poco más que lo que tus ojos pueden ver.

Tuve que apurarme para demostrarte que nadie más que yo es capaz de hacer lo que yo hago por ti.

Que mi amor es único. Irreemplazable. Digno de no dejar escapar.

Entonces recaí.

Recaí como nunca.

Recaí tras meses de abstinencia que hicieron que la intoxicación fuera peor.

Conozco la secuencia de asumir la recaída como parte inevitable de la enfermedad.

Y la asumo para poder seguir con mi proceso de recuperación.

Me doy pena.

Me doy vergüenza.

No quiero que la gente se entere de mi fracaso, porque ellos me juzgan por estúpida, y no como necesitada.

Si supieran la realidad que se esconde tras mis balas, se callarían la boca.

Son dos enfermedades distintas.

En una al otro se le tilda de aprovecharse de tu vulnerabilidad, y en la otra todo el peso cae sobre mí.

Y sobre mí es donde debe caer.

¿Qué necesito?

Amor.

¿Y por qué intento seguir comprando lo que no se vende?

Me niego a pensar que ser quien soy no es suficiente.

Por eso intento un poco más.

Ser la salvadora de la vida del otro te empodera.

Y esto no es ingenuo.

Yo también busco mis presas.

Las víctimas son los que, estando solos, no pueden.

Los rotos.

Los empobrecidos.

Los abandonados por la vida.

Los sufrientes.

Los que siguen necesitando una placenta para alimentarse.

Y entonces esa es mi función.

Ser líquido amniótico de bebés que dependen de una madre para poder vivir. Y si madre es lo que te faltó, entonces madre soy.

Una mala madre.

Porque ellos siguen sin poder.

En cuanto a mí, que también sigo con mi necesidad de amor insatisfecha, cada vez que caigo pierdo energía.

Doy fuera lo que necesito dentro.

Y lo entiendo pero después lo olvido.

Cuando lo olvido, recaigo.

Cuando me dan las gracias, me siento morir por dentro otra vez.

Las palabras de agradecimiento no me llenan.

No me sirven.

No las quiero.

Pero en el momento en que la abstinencia pega fuerte, lo niego.

La necesidad me nubla.

La urgencia toma la palabra.

Y recaigo en mi única perdición: la búsqueda del amor como propina.

Después, la culpa y el arrepentimiento se instalan en mi cabeza.

Ciento veinte pensamientos por segundo me gritan que yo buscaba amor y no las gracias.

Pero todo eso llega tarde. Muy tarde.

Cuando siento la misma carencia no resuelta.

Con un «gracias» que no sé dónde poner.

104

Soy incapaz

No voy a ponerme al lado de tu vacío.

Soy incapaz de darte lo que te falta.

Me declaro imposibilitada de sanar tus roturas más profundas, tocando la parte más superficial de tu piel.

No voy a humillar mi amor propio asumiendo tu incapacidad momentánea de sentir.

No puedo cicatrizar heridas que no me pertenecen.

No me quiero acostar al lado de la palabra «reemplazo».

No tengo la fortuna de ser la magia que tu angustia necesita resolver.

Perdón.

Pero yo no tapo.

No compenso.

No resuelvo.

No sano.

No reparo.

No pongo parches.

No salvo.

No curo.

No arreglo.

Yo solo siento cuando siento.

Y cuando eso pasa, entonces amo.

Y amor es lo único que tengo para dar.

Pero no en cualquier parte.

No de cualquier forma.

No a cualquier precio.

Solamente amo si el otro también puede amar.

No hay culpables.

No hay víctimas.

No hay mentiras.

Esas cosas se ven. Se huelen. Se escuchan. Se tocan y uno decide.

Elige si acepta o si se va.

Pero el amor que habita entre las cuatro esquinas de la cama no se espera.

Esas cosas suceden cuando son capaces de suceder.

105

Nos mata lo que no existe

Alguna vez aprenderemos que hay refugios en la vida real. Que una simple palabra, una mirada honesta, un abrazo sentido y la contemplación de los afectos son los únicos espacios posibles de habitar.

Todo lo demás son restos.

Es la cara de la mentira.

Huecos insanos donde la melancolía, que impide disfrutar de lo que se tiene, crea espejismos.

Espejismos que se rompen cuando se los quiere tocar.

Nos mata lo que no existe.

Lo que es capaz de destronar nuestro mundo en menos de un instante.

Aquello que está hecho de papelitos.

Casitas que se levantan con un mazo de cartas.

Baratas.

Muy baratas.

Esas que se van cayendo antes de que uno opte por soplar.

Amores venenosos.

Excesos venenosos.

Dolores venenosos.

Compulsiones venenosas.

Ambiciones venenosas.

Días venenosos.

Gente venenosa.

Simples restos de no querer asumir que todo lo que nos estructura viene de la mano de la calma.

Restos de mierda.

Con consecuencias venenosas.

Tirados y descartados por aquel que, estando un poco más despierto y limpio que nosotros, decide no tocar.

Restos.

Comemos restos.

Vivimos restos.

Hasta que un día nos miramos en el espejo y eso es lo que vemos: todo lo que esos restos hicieron con nosotros.

No hay autoestima.

No hay amor propio.

No hay fortaleza psíquica.

No hay autocuidado.

No hay valoración interior.

La vida parece que está en otra parte.

Y uno, convertido en un simple resto, no sabe cómo hacer para llegar.

No se llega.

Se vuelve.

¿A dónde?

A la realidad.

¿Y si ya no está?

Se construye.

¿Con papelitos?

No.

Ladrillo a ladrillo.

106

Otro poema

Esa gente que te aclara el parentesco.

«Nosotros somos amigos», comentan en cada conversación, por si la duda te filtra el corazón y le da un coletazo incómodo e inesperado.

No sé.

A mi mamá no le digo que soy la hija. ¿Y tú?

En nuestra familia es algo que damos por sentado.

Y la verdad es que contigo me ocurre exactamente lo mismo.

A menos que se instale la duda y necesites una confirmación como barrera de protección, todo lo demás sobra.

No me digas lo que somos.

Se te filtra la pubertad irresuelta y realmente te hace quedar muy mal.

Además, por más que me aclares el vínculo que pretendes tener conmigo, yo siento lo que siento.

Tu advertencia no tiene el poder de ordenar mis emociones.

Créeme que el amor entra por rendijas insospechadas. No existe una política de prevención emotiva. Por más que pretendas cuidarte, o quizá cuidarme de ti, las palabras no previenen el afecto.

Tan solo le dan la voz.

«Quiera Dios que no me enamore de ti».

Es un mantra que me escuché recitando varias veces.

Una plegaria compulsiva.

Pero si en contra de mi voluntad consciente me pasara, nada de lo que digas va a modificar mis sentimientos.

Las cosas del corazón se resuelven en otro lado, y no te necesito a ti para que, de forma académica, me digas lo que nos conviene ser.

Somos justamente eso que no necesita aclaración.

Ninguna palabra nos protege.

Sentirás lo que tengas que sentir por encima de las letras que pronuncies. Peor aún, por encima de lo que desees.

Es así.

En cuanto a mí... no te preocupes demasiado.

Soy de las que ya han aprendido a retirarse demasiado rápido de los espacios en los que no hay lugar para lo correspondido.

Pero eso lo decido yo, y no tu aclaración parental.

Ahórrate el protocolo, que por más lenguaje que le pongas se nota que el miedo lo tienes tú.

No me digas lo que somos.

Seremos lo único que podamos ser.

No hay lenguaje que lo edifique.

Eso es algo que te lleva puesto.

¿Qué se hace después con eso?

Ya es el nombre de otro poema.

107

En reposo

No es un texto.
Una prosa.
Una poesía.
Es un estado anímico.

A veces las circunstancias de la vida nos pasan por encima y nos pisan. Ya sabéis lo que pienso sobre lo de asumir la realidad como única posibilidad para no dejar el cuerpo en el camino.

Ya ni siquiera digo la palabra «aceptar», porque eso tiene un proceso de maduración.

Pero cuando asumo, tomo nota. Y cuando lo anoto, le doy espacio a lo que estoy sintiendo con eso que me pasa.

Las emociones nos hacen percibir la realidad de forma adulterada. Uno le añade el IVA a todo cuando está tocado por momentos de tristeza, de angustia, de ansiedad, de enojo, de disgusto.

Y por lo menos, yo entiendo que dejarme en reposo es una buena manera de preservar la energía del otro.

Tengo que esperar.

No puedo violentar el mundo que está viviendo el otro porque el mío está editado por lo que me pasa.

En lo personal, suelo esconderme detrás del teléfono, detrás de la puerta, y posponer una respuesta en la distancia porque encuentro el respeto.

Me escondo para guardarme dentro de mí y darme calor.

El otro no tiene la culpa. No tiene por qué comer de un estado anímico que aún está siendo digerido por mí.

Respetarse.

Respetar al otro.

Y esperar.

Cuando hay amor, el otro no presiona.

Comprende.

Uno conoce los espacios donde poder liberarse. A veces no son personas. Son lugares. Espacios. Libros. Un café. Una copa de vino. Una chimenea.

Hay momentos difíciles. Emocionalmente difíciles.

Dejarnos en reposo también es una forma sana de querer.

De cuidar de mí.

Pero también de cuidar del otro.

Por la felicidad de nadie

Tirar un grano de arena por amor en medio del pasto no ayuda a construir una playa.

No se trata de dar.

Se trata de dar donde hay alguien dispuesto a recibir.

¿Cuántas veces cedes cosas que forman parte inevitable en el diseño de tu vida, pensando que vas a aliviar la existencia de alguien que ni siquiera lo percibe?

Pero ese no es el problema.

El problema aparece cuando ya te has dado cuenta pero, aun así, sigues sacando un poco de los ahorros de tus sueños por la felicidad de nadie y a cambio de nada.

Uno rompe hacia adentro

Que sepas que ingreso en tu mundo con el mío a cuestas.

Que todo esto que soy es el intento de un aprendizaje constante de ser un poco más humana.

Que todas mis incapacidades son producto del miedo por haber perdido mucho más de lo que fui ganando.

Que todo lo que viene después de cada pérdida se llama intento.

Y los intentos tienen eso. A veces fallan.

Fracasan.

Se asustan y dan la vuelta.

No sé cómo se llama la enfermedad que tengo.

Solo sé que, por el momento, y en su propia paradoja, es la que me cura y me asegura la reducción de daños.

Acepto que desaparecer no habla de madurez emocional.

Pero hay títulos que prefiero postergar hasta que no me sienta en condiciones de poder transitarlos.

Hago lo que puedo.

No me empodera la bandera de la exposición.

De mi cuerpo.

De mi corazón.

Ni acaso de las palabras que no tengo por qué pronunciar.

Mostrar lo que se guarda no me fortalece.

Me fortalece valorarlo tanto como para no tener que hacerlo.

No me vuelve loca defender mi lugar en el mundo, porque internamente nunca lo sentí atacado.

Mi única defensa es la huida de todos los lugares que me huelen mal.

Me voy.

Y no como huida.

Sino como el mecanismo más noble de supervivencia que tengo.

Me empodera el respeto que tengo sobre mis límites.

Sobre mis espacios.

Sobre la elección de permanecer en la ruta que me conduce a donde quiero llegar.

No me empodera romper barreras que no necesito romper para demostrar mi valentía.

No es cuestión de género.

Es cuestión de crecimiento espiritual.

Y acá me ves.

Subiendo escalones que no cuento.

Porque no me interesa el número por el que voy.

Me interesa la subida.

Y a veces me detengo en los rellanos de mi vida.

Y pienso.

Y pienso.

Y me doy ese lugar.

No soy valiente.

Tengo mucho miedo.

Pero eso no me importa mientras exista la palabra «coraje».

Y reservo ese coraje para usarlo cuando sé lo que quiero.

Y no para exponer todo lo que aprendí que quiero preservar.

No me entusiasman los discursos sobre la transgresión de las normas.

Uno rompe hacia dentro, y cuando eso sucede, querer demostrarlo está de más.

110

Cree que lo olvida

Cuando era chiquita y me peleaba con mi hermana mayor, siempre terminaba llorando y con el pelo revuelto.

«Se lo voy a contar a mamá», era lo único que decía.

Mi ataque siempre fue buscar a alguien que me defendiera.

Me acuerdo de que ella agachaba la cabeza, a la altura de mis manos, y me pedía perdón como podía pedirlo una niña de cinco años.

«Pégame. Pégame, por favor».

Era una manera de resarcirse pidiéndome que se la devolviera.

Me quería enseñar la fórmula del «ojo por ojo, diente por diente» para que mi venganza la eximiera de la culpa que le iba a hacer sentir la zapatilla de mamá.

Y tenía razón.

No estaba nada mal que me descargara.

Lo mismo me pasa contigo cuando cometes un error y me pides que te la devuelva pero con una sutileza que dan ganas de aplaudir.

«Pídeme lo que quieras», me habla tu desesperación cuando tiene miedo de perderme.

«Quiero que me devuelvas todo el amor que te di. Quiero que me lo devuelvas».

Es lo que quisiera contestar la niña que habita en mí.

Pero es chiquita y no sabe lo que siente.

Entonces se enoja.
Hace pucheros.
Te deja de hablar.
Cierra la puerta de la habitación.
Pone la llave.
De vez en cuando, llora otra vez.
Y se olvida.
Cree que se olvida.
Porque las enseñanzas quedan grabadas en la piel.
No te la voy a devolver.
No voy a llamar a mamá.
No te quiero pedir nada a cambio.
Pero cada vez que me vuelvas a tocar ahí, gritaré.
No porque me esté doliendo ahora.
Voy a gritar porque nunca sanó.
Y lo que no sana siempre duele como si hubiera pasado ayer.

111

Háblame de la intención

Quiero que sepas que nada desconcierta más que la intención que esconden los hechos que no comprendo.

Teníamos un pacto tácito que transgrediste por causas tristes.

Chiquitas.

Infantiles.

Huecas.

Mis diálogos contigo eran nuestros.

Y eso se cuida.

Se valora.

Y jamás se venden.

Cualquier razón que te lleve a violar nuestra intimidad no te exime de la palabra «traición».

Todo lo que uno hace deja una marea de emociones que nadie es capaz de descifrar.

Por eso siempre se entra en el mundo de quien te lo abre de par en par con gratitud.

Nunca sabes con qué heridas se meten tus espadas.

Morderle la mano a quien te da de comer no tiene vuelta atrás, a los inicios que acabas de destrozar.

Has roto las reglas.

Pero lo que todavía no percibo es la intención.

Háblame de la intención.

La enseñanza que me deja tu doble moral es la más sencilla del mundo y, sin embargo, nunca conseguí aprenderla.

No a cualquiera se le puede llamar amigo.

No a cualquiera.

Si ves que me cuesta romper la barrera de la inocencia, no seas tan primitivo como para ponerte a jugar con mi yo más vulnerable.

Eso es caer muy bajo.

Es darse la mano con la palabra «despreciable».

Es pisotear las emociones que después no te vas a encargar de juntar.

Es dejarme sola con las olas del arrepentimiento chocándose con todas las paredes de mi cuerpo.

Tengo un incendio en mi piel que lo iniciaste cuando me tiraste el fósforo de la desconfianza.

No esperes que diga nada cuando ya he visto todo lo que tenía que ver para saber que nada tengo que esperar.

Todo tiene arreglo.

Menos el simulacro.

112

El mal menor

No siempre las opciones que nos dan las circunstancias de un suceso nos permiten ir en la dirección de nuestros deseos.

No todo sucede como uno quisiera.

O, por lo menos, no en el mundo real.

Las variables no las pone uno de la misma forma que coloca las manzanas dentro de la bolsa esperando llegar a casa para elegir cuál de ellas se va a comer.

Hay sitios en los que no te dejan tocar el género. Son sus reglas.

Son ellos quienes deciden lo que te venden. Y uno no puede hacer otra cosa que confiar.

Llega a casa, abre la bolsa y mientras las va sacando entonces las toca.

Las huele.

Las mira.

Y un poco tarde se da cuenta de lo que ha comprado.

Muchas veces esas manzanas están podridas, y entonces, con la libertad restringida, decide cuál es la más tolerable para su estómago.

No es el deseo el que toma la palabra: es la realidad.

Uno termina por elegir el mal menor porque sabe que es lo que en ese momento puede tolerar.

Visto desde fuera, uno lo quiere avivar y darle un golpecito para que reaccione.

«Fíjate lo que te estás comiendo, te estafaron, te mereces algo mejor».

Y uno lo sabe.

Claro que lo sabe.

La boca que la está tragando no es la tuya.

Pero cuando uno no tiene la suerte, o la desgracia, de ser el dueño de la frutería, tiene pocas opciones.

Comer lo que le metieron en la bolsa.

Tirarlas al cubo de la basura y perder todo lo que gastó.

Quejarse mientras las guarda.

Ir a devolverlas pidiendo que le reintegren la confianza.

O no volver nunca más a comprar a ese sitio.

No hay vara ajena que determine qué es lo mejor o lo peor para uno mismo, incluso cuando el consejo venga desde el amor más puro y noble del mundo.

Porque los costes, siempre, los pagamos nosotros, en las paredes de nuestra soledad, y ciertamente no todos toleramos igual los golpes.

Elegir el mal menor es lo mejor que se puede hacer.

Y eso requiere de mucha lucidez.

Ese mal menor se llama consecuencias. Y con frecuencia salen más caras que la propia decisión.

El descanso

Me pediste que usemos la distancia
como un tiempo para no agobiarnos
mientras yo sentía que el descanso éramos nosotros
frente a tanta distancia agobiante.

Desamor

El final de una historia de amor no es el desamor.
Es la ausencia de amor.

El desamor es un acto activo.
Su arma es el maltrato.
El silencio como desprecio.
La palabra ambigua que confunde.
La destrucción cotidiana.
La respiración a ratos para poder sobrevivir.
La desatención intencionada.
La mirada como filo.
La ansiedad de la duda como moneda corriente.
La autoestima del otro: el alimento.

El final de una historia de amor es un punto.
Nunca una bala.

Estás

Hace dos años, en medio de una madrugada lluviosa, volvía de tu velatorio.

Recuerdo llegar a casa y la indiferencia que sentí al ver a varios policías custodiando mi puerta.

Me dijeron que había sonado la alarma y que creían que «alguien había entrado por el muro medianero».

«Acá se ve la marca de barro de una de las zapatillas», escuché decir mientras les explicaba a mis vecinos y a los agentes que habías muerto.

Supongo que mi relato tenía una petición subyacente de que se fueran y me dejaran en paz con mi dolor.

Pero, tras el pésame, lo importante volvió a ser lo importante.

«Necesitamos pasar».

Abrí la puerta, pedí disculpas y les dije que me iba a mi cuarto.

«Estoy arriba. Hagan lo que tengan que hacer y me avisan si necesitan que firme algo. Si está todo bien, cierren la puerta cuando terminen».

Deposité tu foto sobre una almohada y mientras caían las lágrimas que me quedaban te acaricié la cara.

Te miré. Tanto te miré que tus ojos se fueron transformando en otros ojos.

Tu boca cerrada de vez en cuando sonreía.

Tus manos, inmóviles, me abrazaban.

Entendí desde ese momento que el amor seguía presente pero que el formato que nos unía iba a ser otro totalmente diferente.

No solo el formato cambió.

También lo hizo el mundo.

Y encima de ese mundo vuelto desierto, todo, absolutamente todo, migró hacia otro lugar.

Al día siguiente tuve que llevar a los niños a la escuela, porque la vida sigue a pesar de nosotros mismos y en contra de nuestra propia voluntad.

De regreso del colegio, me acuerdo de que era tan intenso el dolor que sentía en la garganta que tuve que parar en una esquina.

Me desplomé sobre el volante.

Había agua para rato.

En medio de mis alaridos, escuché un ruido muy bajito. Un murmullo. Alguien hablando en voz baja.

Era la radio.

Esa, la que nunca enciendo porque no soporto el ruido en ninguna de sus facetas, estaba encendida.

Lloraba con tanto desconsuelo que decidí subir el volumen para que nadie se preocupara por mí y viniera a interrumpirme.

Phil Collins sonaba de fondo.

La última vez que lo había escuchado tendría apenas dieciséis años.

Pero daba igual quién cantara. Solo quería tapar el sonido de mi angustia.

Giré el botón del volumen al máximo.

La música me explotó en la cara como una bomba inesperada.

Cómo me apena el verte llorar.
Toma mi mano, siéntela,
yo te protejo de cualquier cosa.
No llores más, aquí estoy.

Y la banda sonora de la película de Tarzán, que nunca jamás me había detenido a escuchar, me atravesó el cuerpo entero.

Los gritos se convirtieron en un llanto mucho más prudente.

Me arreglé el pelo, me comí la sal que me caía de las mejillas y en dos minutos llegué a casa.

Encendí la tele y busqué desesperadamente la canción entera.

No me lo podía creer.

Era el vídeo de un padre muerto hablándole a su hija, repitiendo en un estribillo contundente que ahí estaba él aunque ella no lo viera.

Un poco terca, te seguí buscando en todos los rincones de la casa mientras sonaba la canción de fondo. Pero no estabas escondido, preparado para darme un abrazo por sorpresa.

Definitivamente, el formato iba a ser otro.

Pero estabas ahí igualmente.

Siendo canción.

Siendo foto.

Siendo mariposa.

Siendo de mil formas distintas.

Pero, sobre todo, siendo latido dentro de mi cuerpo.

Te extraño como una loca.

Dependo de respuestas a preguntas que en la vida te hice. Hoy me doy cuenta de que necesito esas respuestas para saber qué hacer.

Busco padres en otras personas que ya tienen asignada esa función.

Siento el peso de la orfandad en cada evento que debería estar festejando y no estás ahí para celebrarlo conmigo.

Ya no hay destino del mundo que me reciba con tu mensaje preguntando si he llegado bien.

Somos cuatro hermanos sin un padre a quien retar.

Faltas.

Y eso me llena de gratitud.

No falta cualquiera.

No a cualquiera se lo percibe en su ausencia.

Falta lo que alguna vez estuvo.

Lo otro lo mata el olvido.

Gracias.

Me diste todo el amor que te dejé dar. Y por supuesto que sé que por culpa de mi egoísmo no lo pudiste agotar.

De esa diferencia, entre lo que querías dar y lo que mi corazón pudo recibir, me estoy haciendo cargo ahora.

No dejes nunca de quererme.

No dejaré nunca de quererte.

Algunos pensarán que ya es tarde.

Yo siento que solo ha cambiado el formato.

116

Decirle que se vaya

Repito un patrón vincular.
El mismo patrón.
Conozco la causa.
Sé los porqués.
Razono a la perfección.
No puedo evitarlo.
Me arrastra con la fuerza de un huracán al mismo lugar.
No quiero comerme la angustia que implica abandonar lo conocido.
Ahí nado como pez en el agua.
Pero me lastima.
No salgo de ese mar porque no conozco lo que hay fuera.
Lo supongo.
Y también supongo que no voy a poder convivir con esa parte de mí mirándome a los ojos.

Repito escenas.
Cambian las figuras.
Sé que mi patrón se huele, como los perros huelen el miedo.
Pero no quiero culpar al otro por ser capaz de oler la comida que quiere.
El problema no está en el olfato.
Eso le funciona a la perfección.

El problema está en el olor de mi falta.
Esa que intento tapar cuando doy lo que no soy.
A pesar de las consecuencias.
A pesar de no lograr el objetivo.
A pesar de saber el nombre del pozo donde no quiero
caer.

No quiero culpar al perro.
No quiero intentar ponerme perfume.
Quiero sanar.
Quiero elegir.
Quiero aprender.
Quiero ser capaz de ver venir al perro.
De ponerme al lado.
De dejar que huela lo que busca.
Y decirle que se vaya.

Quiero sentir miedo.
Para huir de ahí
y nunca más creerme capaz de desafiar
el destino inevitable
de los lugares en los que confirmo que repito
una vez que ya no sé cómo hacer para salir.

117

Solo pido

Hablemos del coste que tiene que me prometas un jardín lleno de primaveras cuando lo único que puede darme tu verdad son inviernos.

Espinas sin las rosas.
Tierra sin semillas.
Pasto muerto.
Irrecuperable.
Luces apagadas.
Hablemos del precio de plantar mi propia siembra y compartir con tu ausencia la cosecha.
No quiero flores.
De eso tengo en cada rincón de mi cuerpo.
Me sobran flores.

Quiero que seas el agua.
Que limpia.
Que nutre.
Que suma.
Que haga crecer todo este jardín.
Que soy capaz de construir con mi propio amor.
No quiero que plantes mi árbol.
Quiero que me ayudes a hacerlo crecer.

Tengo flores.
Tengo sol.
Tengo pala.
Tengo espacio.
Lo tengo casi todo.
Solo pido
que seas capaz
de ser el agua.

Gente valor

Quiero gente buena.

Sin fuerza para el engaño. Para la mentira. Para la falsedad.

Buena como esa madera que no se pudre a la primera gota de agua que le cae encima.

Madera de la buena. Que resiste los cambios climáticos. Tus cambios climáticos.

Esos que de repente te hacen una persona vulnerable a las tormentas de la vida.

A veces primavera, a veces verano, y otras un huracán en el que es imposible penetrar.

Gente buena. Hecha de plomo. De fuego. De tierra seca y dura.

Gente que firma con sangre una amistad para toda la vida, sin la ocurrencia miserable de descartarte si tu piel se manchó por una raya que te pintaste con la fibra del fracaso.

Gente que te aguanta justo cuando erraste. Cuando fallaste.

Y no cualquier aguante. El que te sostiene, que te eleva. Ese que confía en que la vida es prueba y error. Y por eso no te tira. No te abandona.

Porque apuesta por el reciclaje.

Vivimos en un mundo urgente. Donde la urgencia de definir un «sí» o un «no» depende de un solo disparo que salió en la dirección equivocada.

Juzgamos el ruido del disparo porque no tenemos tiempo para dar espacio a la equivocación.

Todo es urgente.

Mundo de ruido. De papel. De aire. De llamas que logran consumir lo que un día fue importante. Porque así te lo dijeron. Así te hicieron sentir. Y de repente mañana ya no vale nada.

Nada.

Mundo extraño que, frente a cada nuevo tajo, te pone a prueba la resiliencia y la fortuna de romperte para poder volver a construirte con cimientos más fuertes pero igual de vulnerables.

Gente buena.

Que te impulse esa risa en tu cara que mira a la nada. Que no utiliza el castigo de la distancia como resarcimiento frente a tu pie que un día pisó el barro.

Gente que no se cobra tus errores. Que te cuida a pesar de tus baches. De tus días de invierno. De tu locura transitoria y de tus ganas de desaparecer.

Gente que te trae de nuevo a la vida, y con su sola presencia te pone otra vez el corazón en su sitio.

Mundo del descarte.

De lo efímero.

Donde lo que vale dura un tiempo y lo mata lo que sigue.

En un rato. Mañana. Pasado. Hoy.

Mundo barato, muy barato, influenciable.

Por eso necesitamos gente sana.

Gente señal.

De esas que tienen amor que no caduca. Que no se vence. Que no se juega en una ficha de ruleta.

Es gente que se llama valor.

A esa gente necesitamos.

Gente llamada valor.

Final

Estoy tirada en la cama como quien se tumba en la arena de la playa. No tengo una postura ordenada ni acorde con el lugar en el que he decidido pasar los días desde que se decretó la cuarentena. Ya he perdido la noción del tiempo que hace que caiga atrapada en estos metros cuadrados, pero no es algo que me importe demasiado.

Ayer me quemé la rodilla con la puerta del horno y no sé dónde ponerla. Era algo que no me esperaba. Tengo todos los dedos de las manos con tiritas por la misma razón. Ya me había acostumbrado a que cocinar, para mí, tenga estas consecuencias. ¿Pero la rodilla? Realmente no estuvo en los planes de posibles contingencias.

De todas maneras, cualquier eventualidad cotidiana en medio de esta pandemia cobra un sentido totalmente extraño. Uno le pierde el respeto al cuidado personal, mientras se está cuidando de algo potencialmente peor, como lo es la muerte.

Debajo de la línea de la finitud humana que hoy se nos manifiesta como no tan lejana, todo pierde valor. Mi vieja rutina y mi rodilla están entre esas cosas.

No voy a ir a la farmacia a comprar algo que me alivie este ardor insoportable.

No tengo ganas de hacer deberes en medio de este caos universal.

Doblar la rodilla para llegar a destino es algo que no

puedo exigirme en estos momentos. Prefiero que supure y lamentarme.

Y en eso estoy.

Me limpio la herida con agua y jabón. Cierro los ojos haciendo mucha presión con todos los músculos de la cara y, así, logro que me duela un poco menos. Es como tragarte una medicina con la nariz tapada. No se siente tanto.

Después de la cura, camino cojeando hasta llegar de nuevo a la cama para volver a hundirme con total libertad.

Una vez en la cama, trato de apaciguar un poco el dolor con unos libros dispersos entre las sábanas. Son cuatro. Los abro, los cierro y subrayo con colores diferentes las partes que más me impactan.

Es amor a primera vista.

Son párrafos que sin buscarlos aparecen, me dejan con la boca abierta y el corazón latiendo un poco más rápido. Los marco fuerte para que no se me escapen, mientras me digo con la cabeza que sí. Que estas letras tienen razón.

Acá está la verdad.

Entro y salgo de cada uno como si estuviera espiando, y no leyendo.

La tele, a pesar de estar silenciada, me perturba.

No la escucho. Pero los periodistas gesticulando las desgracias de todos los días se hacen escuchar igual. No sé cómo hacen, pero todas las expresiones que acompañan al relato se escapan por la pantalla del televisor.

Busco el mando a distancia debajo del edredón y la apago.

Los noticiarios no colaboran en nada ni con nadie que pretenda vivir de los sueños. Todo lo que te muestran son las miserias humanas. Las peripecias de un mundo enfermo que cumple la pena de muerte desde que sale el sol hasta que aparecen las estrellas.

Si uno sigue al pie de la letra las noticias, que ya no son

noticias, no debería tener ninguna expectativa de que algo mejore.

Por eso es mejor no escuchar esas fatalidades. Prestar atención un poco más de lo debido te hunde en un agujero negro del que no hay quien te pueda rescatar.

Un café que cumple múltiples funciones reposa en mi mesilla de noche todas las mañanas devenidas en mediodías.

Después de lavarme los dientes, saber que voy a prepararme mi taza gigante de café me da felicidad.

Felicidad, dije, y no estoy exagerando. Eso es lo que siento. Un estado de plenitud difícil de conseguir.

Aromatiza el cuarto. Le da algo de calidez y prestigio a mi momento de intimidad, me despabila un poco y, sobre todo, me acompaña.

Suelo llevar la taza con las dos manos hacia mi boca. Después de un sorbo, la sostengo reposando en los labios. Descansa ahí, mientras las ideas burbujean en mi cabeza, y por alguna razón que no comprendo parecen ser más placenteras que cuando surgen en otro escenario.

Es lo mismo que siento cuando estoy frente a la chimenea. Ahí el mundo es otro. Al igual que con mi taza de café, todo parece posible.

El fuego crepita de una forma muy pacífica y construye un paisaje que existe no solo en la fantasía de quien lo observa, sino en la de quien es capaz de vivirlo. El fuego se siente o no se siente. Es algo que vibra en el cuerpo y en el alma. Y yo tengo la suerte de poder palpitarlo.

Ahí suelo trasladarme con un toque de magia al lugar donde quiero estar. Las cosas tienen otra nitidez. Otro olor. Otros colores.

Fuego y deseo cumplido van de la mano, ¿no es verdad?

Una de las pocas razones por las que me gusta el frío es esa. Y cuando llega, no desaprovecho la oportunidad. Cada vez que el clima lo posibilita, cumplo con mi ritual. Es un encuentro con mi deseo, en el que la imaginación se prende junto con los troncos.

Un estado de paz interior me devuelve la certeza de saber que mi latido no está equivocado.

«Quiero ser escritora». Lo digo en voz alta, y lloro. «Quiero ser escritora».

«Quiero ser la escritora que yo quiero ser».

Y sé perfectamente qué es lo que digo cuando me aclaro esto, mientras me tiemblan los labios.

Estoy diciendo algo muy importante. No estoy nombrando ni identificando mi vocación. Tampoco estoy diciendo que por fin he descubierto mi pasión. Todo eso es algo que lo he sabido desde siempre. No es ninguna novedad para mí.

Lo que estoy diciendo de forma silenciosa es que estoy dispuesta a cambiar mi historia.

Todo este tiempo escribiendo sin parar, literalmente sin poder parar, fui arrastrada.

Tuve que hacerlo.

Mis tres libros no han sido producto de mi vocación, fueron producto de mi necesidad. No los pude evitar. Algo dentro de mí empujaba por salir al mundo.

Los concebí con plena inconsciencia. No fue un acto planeado. No me cuidé.

Y todo este tiempo estuve empujando sola, sin que nadie me diera indicaciones ni me sostuviera la mano.

Debo decir que todos mis libros fueron partos muy dolorosos.

Prematuros.

Se antepusieron a mi deseo y salieron al mundo expulsados con muy poco tiempo para planificar el día después.

Sin embargo, una vez fuera, lo que pasó fue hermoso: cada uno de ellos se encontró con muchas parteras que los cobijaron en sus corazones.

Fueron los niños de muchas personas, que al igual que yo se vieron reflejados en cada palabra que ahí se enunciaba. Dolió. Dolió mucho.

Pero mi obsesión por vivir en la verdad de lo que mi esencia me pedía me llevó inevitablemente a un despertar violento.

Tuve que atreverme a abrir todas las puertas de mi vida para empezar a deconstruir el mundo apagado en el que estaba viviendo. Abrir los ojos me llevó a tomar tantas decisiones nuevas como a romper, al mismo tiempo, otras viejas.

Un desastre motivador. Porque hasta que no pudiera poner los nuevos ladrillos en mi pared, tuve que aprender a caminar con muchos pedazos sueltos.

Sí. Rota.

No me arrepiento de nada.

Ningún dolor fue en vano.

Tenía que poder hacer todo esto para sentarme a escribir libre de mis fantasmas y mis sombras. Y no porque pretenda ser pura y bendita, sino porque sin todo ese enorme trabajo de sanación interior nunca podría ser la escritora honesta que quiero ser. Esta que, solo hoy, y no antes, está preparada para entregarse a su pasión.

Esto no quiere decir que mi camino esté allanado. Lejos de eso, estoy preparada para recibir a todos los nuevos monstruos que se avecinen, se llamen como se llamen.

No le tengo miedo al dolor. Le vi la cara y no me devoró.

Tuve que aprender a batirme con él, y también a ponérmelo debajo del brazo cada vez que entendía que la lucha con la realidad no tenía ningún sentido.

Aprendí mucho de todo. Pero, sobre todo, aprendí a aceptar.

No fue fácil, pero tenía que saber hacer ese trabajo. Tenía

que haberlo vivido en carne propia para poder transmitirlo desde la experiencia y no desde la teoría.

Y eso es lo que he hecho todo este tiempo. Ser mi propio trabajo de campo.

Viajar hacia dentro.

Muy, muy dentro.

Tocar fondo. Ver el mundo tal cual es. Conocerme. Saber de mí. Saber de mis tristezas y de mis alegrías. Conocer mi luz y también mi oscuridad. Darme el tiempo de arrepentirme para después poder recuperarme.

Conocer mis límites. Mis carencias. Mis dependencias afectivas. Mis prejuicios inconscientes. Mi forma de amar y, también, mi forma de querer que me amen. Mis pérdidas irresueltas, y dedicarme a resolverlas. Mis mecanismos de defensa que, lejos de salvarme, me hundían cada vez más. Mis relaciones innecesarias. Mis errores.

El lugar de mis seres queridos. Mis culpas. Reconocer mis emociones. Mis sentimientos. Mis manipulaciones. Mis elecciones autodestructivas.

Los lugares donde solía desequilibrarme. Los otros, donde podía ir a nutrirme.

Mis motivos de ansiedad.

La causa de mi depresión.

Las sillas que ocupaba en cada vínculo que generaba.

Mi pasado. Mi presente. Mi futuro.

Mi repetición…

Mi mundo interior.

Limpiando. Estuve limpiando los cristales con los que miraba el mundo, para poder recorrerme a mí, hasta llegar a la verdad, hasta saber quién soy. Qué quiero y cómo lo quiero.

Tiempo.

Estuve invirtiendo tiempo.

Pero no en talleres de escritura.

Estuve invirtiendo tiempo en mí.

Estar en armonía con mi deseo y con el espíritu de querer ir en esa dirección fue el final de un viaje. No digo del único de mi vida, porque probablemente dentro de un tiempo decida volver a preparar el equipaje. Pero sí el final de este viaje que empezó hace cinco años.

El último día que pude hablarle a papá mientras el respirador artificial le daba la fuerza que sus pulmones ya no tenían, le susurré al oído: «Te prometo que voy a ser feliz».

Eso era lo que yo sabía que él necesitaba escuchar para poder irse a volar en paz.

Esa madrugada, papá murió.

Y todo este tiempo mi promesa incumplida me atormentaba, me impedía dormir.

La gente en su gran mayoría espera soñar con sus seres queridos, con los que fallecieron, para poder volver a verlos otra vez. No era mi caso. Yo tenía miedo de soñar con papá, porque no iba a poder mirarlo a la cara.

Mi promesa estaba incumplida, y supongo que el sentimiento de culpa hacía de barrera nocturna para que papá no me visitara.

Años después, lo pude entender.

Apenas ahora puedo cumplir, papá.

Apenas ahora puedo.

Todo este tiempo estuve trabajando en eso y decidí, por alguna extraña razón, compartir mis emociones con miles de lectores que se sumaron a mi proceso personal haciéndolo propio.

Fuimos y seremos un millón de lectores más haciendo este trabajo necesario de autoconocimiento para poder ganarle espacio a la libertad interior.

Jung decía algo hermoso: «Quien mira hacia fuera sueña. Quien mira hacia dentro despierta».

Eso he estado haciendo.

No podía cumplir mi promesa porque primero necesité despertar.

Una vez que abrí los ojos, pude saber cuáles eran mis verdaderos sueños.

Me llevó años, coraje, tres libros y mucho esfuerzo interior.

¿Ha valido la pena?

Cumplir mi promesa casi adolescente de ser feliz valió la pena que pasé; valió todo lo que tuve que aprender a caminar.

Ahora puedes visitarme tranquilo en las noches, pa. Ya no hay culpa que nos separe.

Te estoy esperando.

Deseo de todo corazón que quienes han transitado conmigo este camino del despertar interior que nos regala el autoconocimiento se preparen unos buenos troncos de leña, se permitan acceder a ese increíble fuego y se animen a gritar el nombre de sus sueños.

Para llegar hasta ahí, hemos tenido que sacudirnos el polvo de lo que habíamos estado construyendo sin darnos cuenta. Ahora es el momento de respirar con los ojos bien abiertos y dedicarnos a cumplirlos.

Como escribí en alguna de mis notas: «Para quien logró despertar, querer volver a dormirse es traición».

Buen viaje.

Volveremos a vernos.

Agradecimientos

En primer lugar, quiero darles las gracias a Florencia y a Soledad, mis referentes editoriales y compañía necesaria para hacer este libro.

Lo primero que les pedí fue, precisamente, libertad. Ser libre para escribir un libro que aún no estaba escrito. Ser libre para imaginar que estas páginas son mi casa y poner las cosas donde creo que van. Porque quien ama su hogar quiere decorar cada hueco como le gusta, para hacer justamente de ese hueco un rincón donde instalarse. Un escondite. Una cueva. Un nido.

Y yo quería que este libro fuera mi casa.

Aunque rompa con las convenciones.

Quería libertad.

Y eso fue lo que me dieron. Libertad y confianza absoluta para que hiciera de este libro un hogar.

Gracias. Muchas gracias.

A mis hijos, Pedro, Juanse y Francisco, porque son chiquitos y seguramente les quité parte del tiempo que les correspondía para poder cumplir con mi vocación.

Gracias a mis amigos y amigas por su presencia incondicional.

A mi papá, mi musa preferida. Mi lugar en el mundo cada vez que necesito descansar.

A mi mamá, por estar como pudo. De la forma que supo.

Y por último, y no por eso menos importante, a todos

aquellos que llegaron a mi vida para dejarme una enseñanza sumando así eslabones en este camino hacia el encuentro conmigo misma. Camino obligatorio, difícil pero apasionante, para poder elegir en libertad.

Sabed que habéis sido mis maestros.

No importa cuánto tiempo haya llevado transitar ese camino.

LORENA
Agosto de 2020